天下文化

BELIEVE IN READING

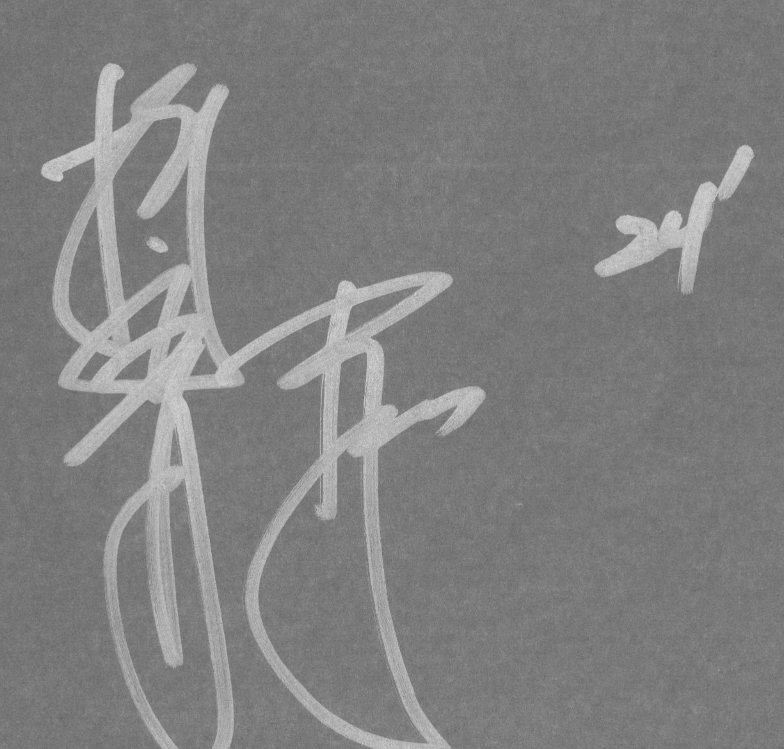

絕美日本

我最想讓你知道的事

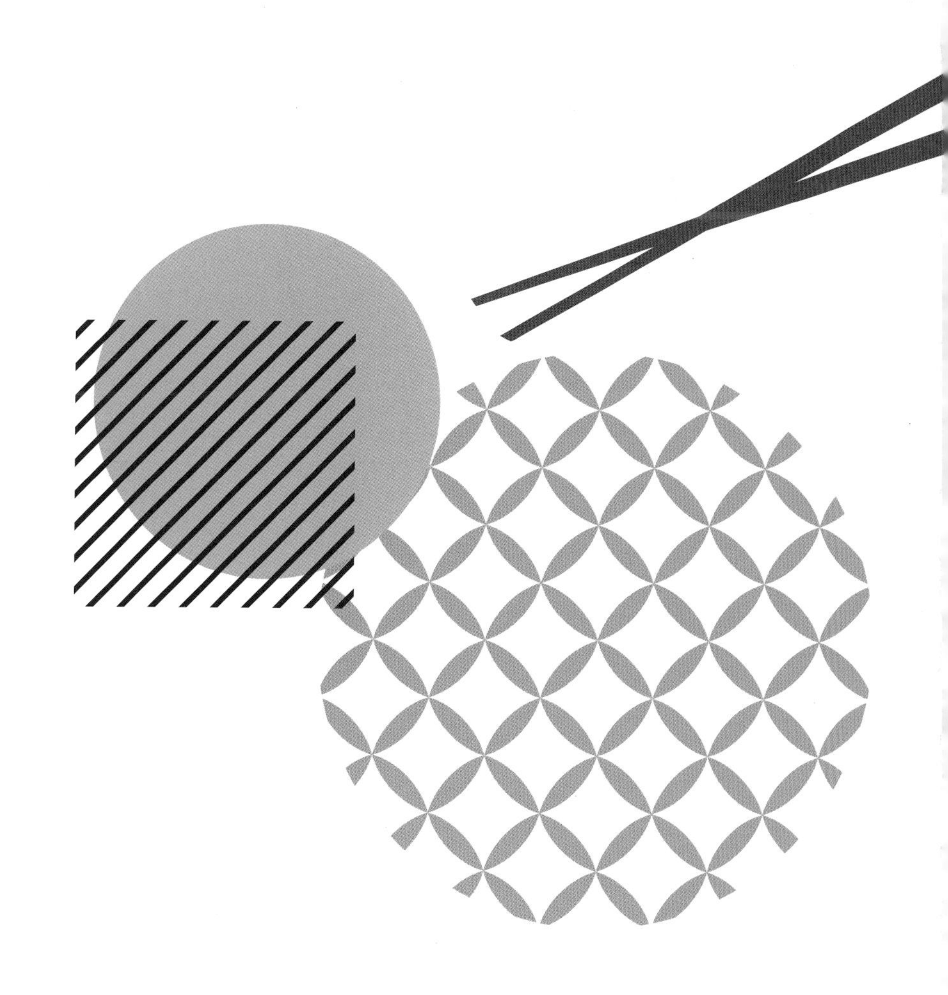

謝哲青・李艾霖／著

目錄

作者序

探索絕對、真實的日本之美

謝哲青

美術館內，安靜無聲。室內微光下，古老的祕密在流塵中輕盈閃爍。

溫婉柔媚的白釉茶壺上，紫藤花在風中飛舞。《翰墨城》裡悠揚自在的墨跡，象徵著中世紀平安文化的凝練，渴望從時代的偉大中解放出來，嚮往個人的表現與完成。秋草群生的織染小袖（和服的一種），以天真淡雅的意象，吟詠自然生生不息的音韻。

日本藝術家擅長捕捉生命中稍縱即逝的美，以「複製」、「貼上」的方式，來表達自然中的秩序及美。江户切子上重複環繞的紋飾，是宇宙寧靜的和諧；落英凌亂的櫻華，道盡了述説花落春猶在的惆悵；一道道翻騰的渦漩、一叢叢茂生的秋荻，都訴説著造物的細膩與壯闊。

在沉默中，我凝視，時間停止了。

十八世紀的日本，正進入歌舞昇平的榮華治世。透過荷蘭人傳入的文藝復興與巴洛克藝術，來自大陸彼岸康雍乾盛世的絢爛多彩，都為江戶文化注入蓬勃的生命力，形塑新時代的風格。

江戶琳派（りんぱ，Rinpa School），正是在如此的時空背景下誕生。

出身自京都高級和服布料商的尾形光琳，雖然不是貴族，年輕時也是位浪漫多金的五陵少年。從小就喜愛珍貴精緻的工藝品，從俵屋宗達的彩繪屏風、古田織部的茶碗，到本阿彌光悦的書法手鑑等，無一不曉。長大後更通曉書畫與能樂。

在他三十歲時繼承大筆遺產後，卻開始無度揮霍，追求人世各色附庸風雅的感官逸樂。就這樣，十年過去了，也把家產耗盡，陷入破產的窘困。養尊處優慣的尾形光琳，終於也要面對坐吃山空的淒涼。為了填飽肚子，才選擇畫師為業。

在光琳近二十年的藝術生涯中，深入研究狩野永德與俵屋宗達作品，把前半生的揮霍化成深厚篤實的美學感受，發揮在不同領域的藝術創作中：障壁屏風、團扇香包、漆器硯箱、書畫筆墨……光琳在構圖或配色上的天分與品味極佳，帶有節制精細的風格，因此所完成的藝術品格調都極為時尚高雅。雖然藝術成就受到肯定，但光琳的眼界太高、品味太好，無法降低對生活品質的奢華享樂，所以依舊入不敷出。

中唐詩人孟郊一生失意落寞，常在饑寒交迫中苟延度日，所表現出來的文學風格也有種「霜洗水色盡」的清磊。十九世紀巴比松畫派名家米勒（Jean-François Millet），日子過得兢業勤儉，刻苦簡樸，他的作品自然也質樸含蓄。創作者的生活與個人的生活感受息息相關。光琳人生戲劇性的大起大落，讓他的作品富貴唯美，開朗豁達。

有人說：具有數字概念及務實性格的人，關注帳面上的曲線、數字，「美」所能帶來的利潤與附加價值，也可以被量化成實際買賣的價格。但對於醉心於「美」的人來說，「美」是一種邊際效應極大的強勢貨幣，代表人生的滿足程度。

千金散盡的光琳，用「美」來償還前世今生的風流債。

MOA美術館所收藏的〈紅白梅〉，正是光琳美學淋漓盡致的揮灑。畫家以工筆寫實逼真的透過色彩、筆觸和線條，表現老梅樹皮的斑駁粗糙和細枝的柔嫩彈性，曲折扭轉、舞爪張牙的樹幹枝條，對比了中間圓融舒暢的河川，讓曲面與弧線擁有更多的想像空間。

我們會強烈感受到〈紅白梅〉簡單畫面中散發出的氣場，大膽而別緻的架構表現，透過創意與設計，光琳巧妙的將不同元素結合起來，形成交響詩的視覺效果。

尾形光琳〈紅白梅〉

如果把每個元素拆解開來，畫面就失去了合唱與分部，光琳讓畫面中的每個存在相互應答，共譜屬於線條和色彩之間的賦格與變奏。

我常把江户琳派的光琳和維也納分離派的克林姆一起觀照比較。兩人的藝術都具有強烈的裝飾性，獨到的用色與構圖，充滿異國文化的藝術元素，總是給我們愉快的感官經驗。

當然，更傾向美索不達米亞與拜占庭風的克林姆，構圖具有建築般的嚴密工整，而更多中國宋明文化薰染的光琳，飄逸流動的線條具有強烈的南朝書法精神。在色塊與線團的糾纏中，光琳脱離了形式的限制束縛，完成更簡單真實的自我

尾形光琳〈燕子花圖〉

風格。在他的〈燕子花圖〉裡，像是被橡皮圖章蓋上去的鳶尾花，其實是光琳長期的凝視與張望中，將「美」的形體消除掉，所留下抽象的精神意涵。

具備輕妙、奢華、洗練、機智、敏銳等特質，光琳曾是京都最懂奢華悅樂的人，但終究成為真正的藝術家。

在MOA所感受的美，讓我開始思考藝術的可能，也讓我開始沉迷、研究日本文化的種種。日本藝術從平安時代到後現代，對於「美」都有深沉的耽溺與迷醉。紫式部、藤原道長、野野村仁清、本阿彌光悅、酒井抱一、河鍋曉齋、夏目漱石、竹久夢二、芥川龍之介、太宰治、黑澤明、三島由紀夫、宮崎駿、千住博、草間彌生……每個人都代表著日本文化不同的面向，若是將所有人放在一起，就幻化成虛實相應、斑彩豹變的萬花筒。

或許，你以為了解日本。

或許，我們離它太近。

在許多人都熟悉的版圖中，我與她，走入陌生而迷人的藝術星空，一同分享生活與旅行的點點滴滴。每一次的出走，帶回來的，是全新的感動與想法。

現在，讓我們一同踏上旅程，探索絕對、真實的日本之美。

作者序

與你分享日本的美

李艾霖

護照上滿滿的日本簽證貼紙，日本海關人員一直翻著，一邊看著我……

學生時期就多次前往日本自助旅行，但因為勇氣不足，總是在幾個大城市探險。這幾年，探索日本成為我深陷而無法自拔的興趣。

閒暇時，大量閱讀日本的相關書籍，從漫畫到旅遊雜誌，從日劇到歷史小說。每一件事都能讓我更了解日本，也讓我們在旅途中，發現更多的驚喜。

真的很幸運，除了東京皇居千鳥之淵的春櫻，仲夏明媚的丹後半島與富士山，深秋的西芳寺與東福寺的楓紅……在二〇一五的新年，老天讓我們遇見兼六園的雪化妝。

日本的四季，竟是如此美得讓人目眩神迷。

我何其有幸，能與一位酷愛旅行的人成為伴侶。在每一次的旅途上，他都與我分享他所熟知的歷史故事，帶我去看像畫中仙境般的美景名勝，介紹一件件精采絕倫卻鮮為台灣人所知的藝術品。

我多麼希望，更多人可以和我一樣，聽見這些分享，看見這些美景！

這本書，有我們日本各地旅行的回憶，透過文字，希望能與讀者分享這些難忘的日本風景！

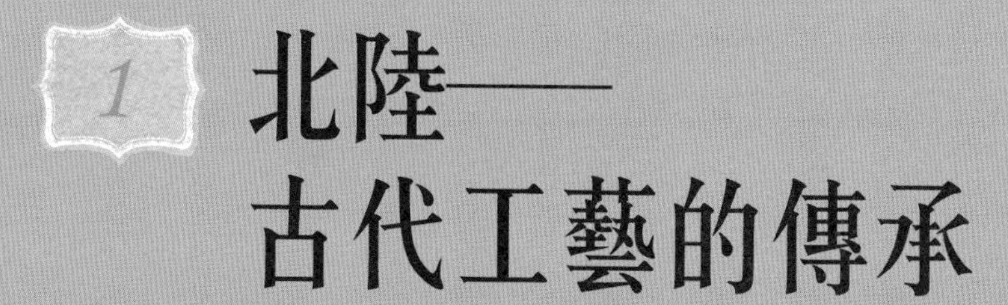

1 北陸——古代工藝的傳承

金澤・越中・若狹灣

「過了國境長長的隧道後，就是雪國了。」

（国境の長いトンネルを抜けると雪国であった。）

望著車窗外的朦朧流光，我輕輕地唸出川端康成在小說《雪國》中的第一行字。

收音機氣象報導說，豪雪會集中在日本海側，尤其是從福井縣的嶺北地區，一路綿延到東北青森縣的津輕海峽，這些區域可能會因爲豪雪而造成災害。

此時的我們，正在舞鶴若狹自動車道上。

而新聞報導所說的區域，正是我們經過的路段。

庭園的初心——一乘谷

漫天飛雪淒迷了視線，放眼望去，世界只有黑與白。雪，扎扎實實地積佝在土地上，文明也裹覆成荒野。漂浮在這份至大、至寒的寧靜中，凡是挺立的，都顯得孤獨而頑強，例如眼前的一乘谷朝倉氏遺跡。

位於福井縣的一乘谷不算是熱門景點，事實上即使在日本國內，知道的人

一乘谷朝倉氏遺跡

也並不多。日本的中學生在科考時，總是會互相取笑：如果知道山口縣的位置在哪，在地理科就能滿分；如果知道一乘谷朝倉氏是誰，那麼歷史老師就會讓你高分過關。

十五到十六世紀中葉，朝倉氏是北陸越前地方最有力的守護大名。一四六七年應仁之亂的戰火，焚毀了京都的宮台樓閣，燒盡了千年繁華，許多公卿、武家、商賈、學者，爲了躲避戰亂，紛紛逃到日本海側的三越地方（越前、越中與越後地方，大致上是今天的福井縣、石川縣、富山縣與新潟縣）。朝倉氏一乘谷接納收容了這些流離難民，後來這批落難公卿爲越前地方注入京都高雅時尚的文化活力，商業活動也邁向榮華高峰，一切似乎都是那麼的風和日麗、理所當然。

不過應仁之亂所開啓的戰國時代，臣弑君、下剋上的風氣一開，偏安的朝倉氏再也不能苟且。在逐鹿問鼎的爭霸中，朝倉氏第十一代當家義景，先是和以「天下布武」爲目標的織田信長結盟，不久後又加入反織田勢力的「信長包圍網」。這究竟是愚昧？還是義氣？就留給史家去評論吧！突破包圍網後的織田信長，先後討滅背信破盟的勢力，一五七三年八月十六日，一乘谷之戰後，朝倉義景在毫無外援的絕望之中兵敗自殺。

義景自盡後，其他遺族與家臣也紛紛被殺，忿恨難消的織田信長，一把火延燒了五天四夜，將一乘谷城的宮殿、庭園、城下町（商店街）燬成廢墟，昔日京華淪爲死城。那一夜的與怨有多深，走一趟遺跡資料館就能明白。所有出土的破瓦殘片，都浸透著一種欲語又止的墨色，多少人的嗚咽與哀求，在那一夜，全都融成了憎恨的化石，沾附在一件又一件的文物之中。

許多年過去了，所有生活過、笑過也哭過的痕跡，深深地埋在豪雪之下。我下車，一個人踏著雨雪寒霜，來到遺跡的唐門前，窺探肅穆清寂的庭園。

吸引我前來的，不僅僅是戰國群雄折戟沉沙的滄桑與風發。朝倉氏一乘谷城曾經是十六世紀日本海側最繁華的都城，制式與規模即使在現代也相當可觀。在煉獄業火的末日過後，一乘谷被時間遺忘了四百年之久，直到一九六七年的考古挖掘，朝倉氏舊日的榮耀，才重新被世界所認識。

我在積雪與泥濘中奮力掙扎，朝倉一乘谷遺址近在眼前。依序拜訪，最主要有四大部分：朝倉館跡、南陽寺跡庭園、湯殿跡庭園與諏訪館跡庭園，雖然說是庭園，嚴格說來，全都是出土的考古遺址。

在寥落的一乘谷中，我見到了庭園的初心。

日本庭園根據風格形式，大致可分成池泉式、淨土式、枯山水、露地、大名庭園與借景式庭園等幾種類型。每種形式都有它特定的背景與思維，例如，來自中國的神仙思想，融合了日本原始的自然信仰，發展出池泉式庭園，水池中央的疊山，象徵著蓬萊、方丈、瀛洲等三座仙山，無論是舟遊或是回遊，都隱含著尋道修真的長生追求。事實與稗聞雜陳的史書《吾妻鏡》中所寫，源義經與靜御前初遇的京都「神泉苑」，就是池泉式庭園具體典範。

中世紀的平安時代，涅槃末法精神大盛，信仰阿彌陀如來，嚮往西方極樂淨土成爲顯學，模擬曼荼羅幻方數列的空間意識也滲入庭園。名列世界文化遺產的平泉「毛越寺庭園」與宇治「平等院」，今天看來規模恢宏驚人，實際上現存的主體，只不過是淨土當年式庭園佛國萬象森列、會通有序的宇宙模型其中一小部分而已。

進入鎌倉與室町時代，另一波漢化風潮帶來了理學與禪宗思想。具象世界的一切，終究難逃成住壞空的劫數循環，形而上的追求才是內在永恆的風景，用以寓情寄託的池泉庭園，進一步超脫爲物外的象徵世界。「砂」與「岩」成爲「水」的類比，是枯山水的基本元素。

在枯山水的世界中，幾個石頭由上而下的排列組合，可以是飛流直下的瀑布，也可以是涓流不息的江河大川，岩中反射輝芒的石英，則是水面閃動跳躍的粼粼波光。白砂的回紋，是文生·梵谷筆下隆河畔熠熠生輝的星空，也是詹姆斯·庫克航

一乘谷朝倉氏遺跡

海日誌中南太平洋洶湧的渦漩。作庭家以不動的砂、岩創造出恆久的流動意象世界。

枯山水突破了寫實再現的侷限，是庭園造景前衛且深具動態能量的抽象藝術。日本最古老的花壇，就座落在一乘谷的朝倉館跡內。破垣殘壁中，我想像著萬紫千紅的花叢。湯殿跡庭園是貴族風呂的片思斷想，青石環繞的護岸，讓我憶起春寒賜浴，侍兒扶起嬌無力的華清池。諏訪館跡庭園令人屏息的石組，上下兩段林泉遺跡，平淡天真，豪華至極的貴族庭園，桑田滄海後成爲意境邈遠的枯山水。日本著名庭園大師與藝術史家重森三鈴，在拜訪一乘谷朝倉氏遺跡後，深受啓發與感動，京都東福寺的方丈庭園、瑞峰院的獨坐庭、松尾大社的松風苑，都可以看見一乘谷的影子。

對於研究日式庭園的藝術史家來說，這裡就像是巴比倫的空中花園一樣讓人感歎、激動不已。即使只是往日榮華的片羽吉光，對我來說，就已經心滿意足。

須臾的歇停後，雪，又一陣陣飄下來了。

御食國，和食的精粹

在北京故宮博物院中，收藏著一幅有意思的畫作。

繪畫的主角韓熙載，出身濰州北海（山東），原來在後唐做事，後來父親因事被誅，韓熙載出奔江南，在南唐任官。從李昇（烈祖）、李璟（中祖）到李煜（後祖），仕途還算順遂。不過私底下，韓熙載生活不太檢點，蓄有家妓寵妾四十多人，朝廷給他的薪水，回家後馬上被姬妾們瓜分，一毛不剩。三餐不繼時，韓熙載會穿上破衣，背著竹簍到姬妾們的住處乞食，一時之間引為笑談。而且他還喜歡在姬妾前，觸摸訪客的下體，議論生殖器的大小，實在不太端莊。

李後主有意拜他為相，不過聽說韓熙載誇張荒誕的行徑後，心裡也拿不定主意，再怎麼說，韓熙載也是三朝元老，公開質問顯得太不給面子。我想，後主也是小孩子心性，大概很想知道到底可以放縱到什麼程度，於是就派畫院侍詔顧閎中到韓熙載家中臥底。回來後憑著「目識心記」，畫下這幅著名的〈夜宴圖〉。

畫軸總共分為五大部分，由右而左，記錄了韓熙載夜宴的實況，段落之間，以屏風或帷幔相隔。按照晚宴的程序，依次為「聽樂」、「觀舞」、「歇息」、「清吹」與「散宴」，圖中頭戴高帽，長髯鳳眼，一會兒擊鼓、一會兒持扇，姬妾端盆子洗手的就是韓熙載。

也許，他知道面對險惡的政軍情勢，無力回天；也許，他看穿了李煜軟弱無能，是一位扶不起的阿斗（李煜是中國文學史上最具才華的才子之一，但這和治國能力無關），落落寡歡的韓熙載選擇任情酒色的方式逃避現實。不過，我們可以在筆墨之間發現，即使酒酣耳熟，一股憂國抑鬱之情溢於言表。無論是羲之與朋友在蘭亭曲水流觴，附庸風雅，或是像韓熙載如此夜夜笙歌，多半是藉著「遊」的手段，緩解愁悶疏離之情。

此外，〈韓熙載夜宴圖〉也是研究歷史的好題材。

像是在畫作第一段「聽樂」裡，主人與賓客前都設有相同的「宴會料理」，圖中所呈現的進餐方式與今日很不一樣。目前在中華文化的輻射圈內，我們

習慣「合餐共桌」，並非「分餐分桌」。追根究柢，分餐制本來就是漢唐傳統的進餐方式，直到元朝與清朝，受到北方游牧民族合桌共餐習慣的影響，中國人逐漸適應在大桌上分享食物。

今天，朝鮮的「韓定食」與日本料理，依舊傳承自唐宋遺風。

分餐制存在的功能，在於區分出階級與身分。《史記》中就記載著孟嘗君的門客，懷疑主人吃得比客人好（合桌吃飯就不會有這種問題），氣得想殺人與自殺的故事。和食的分餐制，應該是西元七世紀「大化革新」時帶進日本社會。記錄平安時代末期宮廷、公家日常生活的〈年中行事繪卷〉，公卿們所使用的「大饗」，和韓熙載在家請客所出的菜相去無幾。

即使是庶民的日常料理，也有一定的形式，「一

顧閎中〈韓熙載夜宴圖〉

汁三菜」的形式從大化革新到今天都沒改變。看看〈病草紙〉中〈歯の揺らぐ男〉（掉牙齒的男子）面前的擺盤就能了解；而木椀的色澤則透露出漆器的使用已經相當普及。

至於當時的營養如何，看看〈病草紙〉中的〈肥満の女〉（胖女人），就知道肥胖與荷爾蒙失調問題自古皆然。

若狹灣的小京都——小濱

中世紀的日本，在大化革新後，走向中央集權的律令體制，在行政管理上則倣效中國。今天在日本行政地圖上所看到的「都府道縣」，就是原封不動的將唐朝《唐律疏義》移植過去。例如，貞觀元年（六二七年），唐太宗就將中國從北到南劃分成十道，到了唐玄宗開元二十一年（七三三年），再細分成十五道。

孝德天皇也效法中國，將日本全境分成「五畿七道」，其中的「五畿」就是「近畿」，大概是今天大阪、京都、奈良及神戶一帶。而東海道、南海道、西海道、東山道、山陽道、山陰道與北陸道合稱「七道」，指的是更廣域的行政區。「道」是由好幾個「國」所組成，以北陸道爲例，就包含了若狹、越前、加賀、能

〈年中行事繪卷〉

〈病草紙・掉牙齒的男子〉

〈病草紙・胖女人〉

登、越中與越後等六國，約略爲今天福井、石川、富山與新潟四縣。「道」後來口語化成爲「地方」，北陸道就成了北陸地方。

每個「國」最高行政官爲「國司」，一直到平安時代結束，每個「國」對中央朝廷均有特別的義務與責任。例如，尾張國（愛知縣西部）負責戶口管理與屯倉，出雲國（島根縣東部）負責祭祀神祇，紀伊國（和歌山縣、三重縣南部）負責朝廷外交。而北陸道的若狹國（福井縣南部）、東海道的志摩國（三重縣東部）以及南海道的淡路國（兵庫縣淡路島、沼島），則被稱爲「御食國」（みけつくに）。顧名思義，御食國是向京都朝廷進貢「贄」（にえ，五穀雜糧以外副食品）的指定產區。

而眾多「御食國」中，又以若狹國最爲重要。不爲別的，中世紀日本與中國的政治外交、經貿往來、文化交流，都是以若狹國的小濱市爲折衝，平安時期欣欣向榮，殘留了些許盛唐北宋的文化風尚。也因爲這些講究，小濱被稱爲「海的奈良」（海のある奈良）。

從〈年中行事繪卷〉所描摹的大饗開始，日本料理延續中國古代分餐而食的形式，卻在發展中，獨樹一格。屬於紫式部《源氏物語》的誠言摯語，也是屬於夢枕

貘《陰陽師》的鏡花水月，平安時代的如煙過往，爲大和文明妝扮了的底色，也爲飲食文化訂定了格律。

二〇一三年十二月四日，「和食：日本傳統食文化」（Washoku: Traditional Dietary Cultures of the Japanese）列爲聯合國教科文組織（UNESCO）認定的世界非物質文化遺產（Intangible Cultural Heritage）時，大部分人的想法大概只停留在單純的「料理」上。UNESCO在評定「和食」時認爲，傳統日本料理是「一套關於準備與享用食物及尊重自然的綜合技巧、知識和傳統，特別是在日本新年慶祝活動中，它會以一種特殊晚宴的形式出現，新鮮食材以精美的擺盤形式呈現出來。食物在家庭成員或各個團體間共享。關於和食的基本知識和技術，會透過一家人共同進餐而傳承下來。」

日本料理不僅僅是料理手法，也包含了「器之用」與「心」的修練。

舉例來說，日本人用餐前後，一定會講「いただきます」（讀法爲i・ta・da・ki・ma・su）及「ごちそうさま」（go・chi・so・sa・ma），中文大致上會翻成「開動了」與「多謝招待」。實際上，這些口語也是在平安時代逐漸發展成形。無論是日本原始的神道信仰，或是中世紀形成規模的淨土真宗，基本上屬於泛靈論的

觀點。無論花草樹木，還是飛禽走獸，被人類料理成食物前，都必須先被剝奪生命。換句話說，生命透過犧牲，向人類的口腹布施，因此，每個人都應該要懷抱著感激之心對待食物。

這種稱之爲「勿體無」（もったいない）惜物愛物的精神，衍生自平安時期盛行的淨土真宗，雙手合十說出「いただきます」的感恩形式，有點像對食物說「阿彌陀佛」一樣。而原意爲「馳走」（ちそう）的「ごちそうさま」，則是對四處奔波張羅食材人士的感謝辭。

「勿體無」戒愼隆重的意念，同時也深入調理、用器、擺盤與餐桌禮儀中，構成了日本料理的基礎——「誠意正心」。

若狹灣內的小濱，是座寧靜奇妙的小城，在不經意的轉角，會出其不意的被美國總統歐巴馬的人形立牌、宣傳氣球、廣告海報所嚇到。不爲別的，小濱（おばま）的讀音就是「歐巴馬」（Obama）。歐巴馬在二〇〇八年總統大選獲勝後和前任日本首相麻生太郎談話時，也提到了小濱，並表示日後想要拜訪。後來小濱市特別贈送歐巴馬一件若狹傳統工藝品，而這項古代工藝代表日本，參加二〇一五年以「Feeding the Planet, Energy for Life」（潤養大地，澤被蒼生）爲主題的米蘭世界

博覽會，它精緻的設計與做工一直是皇室貴族的最愛，那就是「若狹塗」（わかさぬり）。

平安時代以後，餐桌上每人所使用的器具，會依照地位、年齡、輩分而有所不同。相同是筷子，官人與庶民使用的就有天壤之別。一般市井使用簡單的木椀木箸，貴族豪商則使用尊貴的漆椀漆箸，其中級別最高的，非若狹塗莫屬。

在若狹鯖街道靠海的所在，我找到了傳統若狹塗職人的工房，室內陳列著各色充滿綺想的漆箸。中國傳統的漆器工藝，以幾何化花卉圖樣的「菊塵塗」（きくじんぬり）爲主。江戶時代初期慶長年間，小濱御用的漆塗職人松浦三十郎，將若狹灣的海底景觀以抽象、寓意的方式表現，發展出前所未有的設計文樣，經過兩個世代的發展後，在萬治年間（一六五八～一六六一年）奠定了今日的藝術形式，稱之爲「磯草塗」（いそくさぬり）。

若狹塗箸在深沉的靜謐中，蘊藉著近乎固執的剛毅。其中以拋光蛋殼、鮑螺扇貝與金銀箔打磨的七彩紋飾，模擬大陸棚珊瑚、海草逐流隨波的搖擺姿態。

我細細地品味若狹塗箸，不禁聯想到古羅馬詩人奧維德在《變形記》中，描寫斬殺蛇髮女妖、半人半神的傳奇英雄柏修斯，在解救衣索比亞公主安朵美達

小濱隨處可見的歐巴馬人形立牌

（Andromeda）與母親達那厄（Danaë）後，如何處理梅杜莎頭顱的描述。奧維德寫道：

「將它藏匿到波塞頓的領域……，爲了不讓粗砂損傷蛇髮頭顱，英雄鋪了一床落葉，使地面柔軟，再撒下水生植物的細小枝椏，然後將它臉孔朝地後，輕輕放下……」

在那一秒鐘，神奇的事發生了，這些柔嫩細軟的水生植物，在接觸到梅杜莎石化一切的視線後，瞬間化成晶瑩的珊瑚與剔透可人的水晶，在大海深處輕盈閃耀。

老師傅打開櫥櫃，端出了幾副大正年間所製作的若狹塗箸，在紮實厚重的塗層下，泛著古色晦濁的「手澤」。日語則是使用「なれ」（na・

若狹塗箸

re），來形容東西在經年累月的使用後，長時間低限度的耗損與手漬滲入器物所形成的自然質感。塗箸上精雕細磨的半寶石與珐瑯，散發著溫柔敦厚的神祕潤澤，海上生明月的浪漫想像，自然而然在眼底湧現：

「滅燭憐光滿，披衣覺露滋。不堪盈手贈，還寢夢佳期。」

——張九齡《望月懷遠》

一雙作工精緻的塗箸，竟然讓我無端生出了許多遐想。生活中的美，確實來自於對「平凡」日久恆常的關注。

加賀百萬石——金澤

金澤過去被稱爲「加賀百萬石」，曾經是非常富裕的地方。它的另一個名號是「小京都」。「小京都」三字，也被應用在其他地方。明治維新之前，京都一直是傳統日本的都城，也是文化最發達、各種傳統產業發展程度最高的地方。這個概念延伸至日本各地，舉凡當地產經、文化的發源地，人文最薈萃、最具有傳統精神的城鎮，往往就被稱爲當地的「小京都」。

做爲小京都，金澤雖然不像京都那麼華麗，但是可以感受到傳統日本人與人之間的禮儀。日本的「傳統之心」其實並不在京都，而是在北陸、在金澤。與日本人對話，就會知道連日本人也這樣認爲。京都已經是現代化的都市，雖然有很多很壯觀的東西可以欣賞，但是想要看日本傳統的、歷史的那一面，還是要去金澤，慢慢體會金澤的生活感。

以金澤城爲中心的加賀藩，從一五八一年前田利家移封七尾城開始，直到一八六九年前田慶寧版籍奉還爲止，領有越中、加賀及能登三國的前田家，是北陸最具實力的外樣大名，即使是江戶的德川家也敬畏三分。

「加賀百萬石」（ひゃくまんごく）不僅僅是對治下豐饒富裕的具體統計，也

是前田家支持精緻文化的強大能量，更是史家對北陸地方美術工藝精粹洗練的衷心感動。看過NHK大河劇《利家與松》的朋友，大概都對前田利家沉著內斂及堅定忍耐的性格印象深刻。

利家及他的兒子利長，把政治上的不如意，轉爲對文化的專注，振興了地方工藝，也吸引不少人才。尤其是在「江戸的米開朗基羅」本阿彌光悅拜訪後，吸引了第一流的工匠與藝術家前來定居，開啓了加賀藩在寬永時代的文藝復興。

絢爛尊貴的九谷燒、風雅篤實的高岡銅器、流暢華美的友禪染、充滿幻想色彩的若狹塗、細膩奢逸的加賀金箔……，每項工藝都有自己的故事，不過最讓我著迷的，卻是另一項風格更爲恬靜的傳統工藝——紙。

加賀溫泉鄉・和紙・花紫

距離金澤六十公里的加賀溫泉鄉，是由小松市的粟津溫泉、加賀市的片山津溫泉、山代溫泉與山中溫泉所組成，除了被稱爲「加賀四湯」外，也是「関西の奥

座敷」（關西的後廳）。戰國時代末期開始盛行的山中漆器，就是山中溫泉形成規模。

小說家朱少麟在《傷心咖啡店之歌》中透過吉兒說：

「書分成二種，一種是消遣用或資訊用的，那種只要讀到妳想要的東西，比方說結局，就行了，讀完了書也可以順便丟掉；另一種是用來鍛鍊妳的智慧，提供給妳概念，這樣的書不能當小說來讀，要把它們當做是一個跟妳在對話中的老師，要一邊讀一邊反問，一邊思考自己是不是能理解，理解後是不是能接受。」

作家黃國華則模仿少麟的語氣，來敘述他對旅館的看法：

「旅館分成二種，一種是消遣用或渡假用的，那種只要找到妳想要的東西，比方說美食，就行了，住過這家就去尋找下一家；另一種是用來沉澱你的時間，提供給你放空，這樣的旅館不能當作渡假村來品嚐，要把它們當作是一種幫你錯置時空的裝備，要一邊住一邊遺忘，遺忘那些自己不該帶來與更不該留下的東西。」

山中溫泉的花紫，正如國華所說的：一個適合安靜、沉澱與遺忘的所在。

「當陌生人相遇，會發生什麼事情呢？先是幾秒鐘的遲疑是否該相信對方。我們都知道相互猜忌的破壞力，如果彼此間多點信任，破壞將轉爲交流，當信任發展到一定階段時，彼此的交流會將我們的創意與學習，帶領到所有完美的可能性。」

這段話是演奏家馬友友在構思「絲綢之路」所說的一段話。爲了探索流動的邊界，在這條東西交會的千年路途中，相互學習與成長，讓聲音不因地域之別而停滯，反而在其中找到共通的元素，滋長與擴張音樂的版圖。

一九九九年，「絲綢之路」在東京歌劇城（東京オペラシティ）、大阪交響廳（ザ・シンフォニーホール）及紐約卡內基音樂廳（Carnegie Hall）巡迴演出。爲了表現出亙古流長的時間感與廣袤空間感的舞台場景，馬友友邀請當年才三十七歲

的堀木繪理子爲舞台進行設計。出身於京都的堀木，使用手漉和紙，透過和紙的纖維、紋路、光線透析所產生的陰影與光點，呈現出絲綢之路蒼莽困頓，虛無浩渺的浪漫意境。

我記得在台下，即使是低價的偏遠位置，仍強烈地感受到堀木繪理子爲和紙賦予的深厚魅力。和紙能爲過度明亮的空間帶來低彩度的簡單優雅，即使再濃烈的色彩，經過和紙的溫存後也變得深沉嫵媚。

後來我在不同的地方，見識到和紙的獨特。義大利的佛羅倫斯，修復師用和紙吸附處理澱積在溼壁畫上的污損；在法國的凡爾賽，工匠用和紙琢磨路易十四時期洛可可躺椅上的金箔；在墨西哥城市中心的主教座堂，建築師用和紙取代暴力洗刷的方式，讓黝黑陳舊的山牆立面重現初生的潔淨無瑕。小時候，在家裡所接觸到的袋綴和裝書，也是用和紙書寫裝幀。

我在京都北山的「美章堂」買過幾卷書法用和紙，原來想要好好地寫幾個字，不過不知道爲什麼，陰錯陽差都錯過、忘記了，那卷紙就遺忘在角落好一陣子。後來在旅居歐洲時，不知道爲什麼也把它打包攜走。那卷紙莫名其妙的陪我浪跡天涯，從倫敦、柏林、維也納到威尼斯，這卷紙都放在我手邊。四年後即將返台之前，某日福至心靈，將這些和紙裁成信箋大小，用書法寫了些字，送給朋友做為臨別禮物，也做為青春的告別。

只要接觸過的朋友，都會被它溫婉醇厚的手感所吸引。二〇一四年十一月二十六日，聯合國教科文組織審核通過將「和紙　日本手漉和紙技術」列入非物質文化遺產。

堀木繪理子深深了解和紙的「輕」與「重」，會呼吸，能伸展也能收縮，當然，所設計出來的空間也具有相同的機能。除了被列入非物質文化遺產的石州半紙、美濃和紙與小川和紙外，其他地方的和紙製作技術也同樣高明。堀川繪理子運用金澤市二俣町所出產、歷史同樣悠久的「二俣和紙」，為花紫打造一系列的和紙空間，從門廊、茶室、和室，尤其以餐廳的設計讓我印象深刻。

以和紙取代隔板與牆圍，讓空間開闊明亮，具有侵略性的現代照明設備，在穿過不規則的和紙障壁時，光線變得更為柔軟，具有彈性。我喜歡就這樣，靜靜地待在和紙構築的世界中，享受片刻清寂與淡泊。

花紫

深刻持久的明潔之美：兼六園

即使到了現代，旅行仍然不是一件容易的事。

明代文人潘耒在爲朋友徐霞客的遊記作序時，寫下：「無出塵之胸襟，不能賞會山水；無濟勝之支體，不能搜剔幽秘；無閑曠之歲月，不能稱性逍遙」的句子，除了極少數人，即使是貴族公卿，生活在古代的人是不太有機會到遠方旅行的。庭院園林，反映了人們對遠方與自然的孺慕之情。

庭園是由建築、山水、植株所組成的綜合型藝術。造園家在疊山理水之後，要讓遊園的人們有「雖爲人作，宛自天開」的心理感受。日本庭園歷經池泉、淨土、枯山水的發展後，再加上西方文藝復興式的義大利梅迪奇莊園、法國羅亞爾河沿岸城堡的巴洛克花園，以及中國江南的園林，形成所謂的「大名庭園」。岡山的後樂園、水戶的偕樂園與金澤的兼六園，全都是在江戶時代所興建的大名庭園，後來並稱爲「江戶三大名園」。

雖然說庭院園林是人對自然之美的嚮往與模仿，倘若只是單純的複製與移植，並不能爲我們帶來喜悅與感動。庭園眞正的價值，在於它將造物的驚奇與神祕，以象徵性的語法表現。在庭院園林的世界，窗外的一樹垂櫻，是折枝尺幅；棲息在古木幽篁上的渡鳥，則是「枯藤、老樹、昏鴉」的文學寫意。只要人們愉悅地觀看自然眞正的細節，心靈的象徵化本能，就會賦予這些細節關鍵一種非比尋常的強度。

兼六園的設計，本質上是對理想世界的眞誠召喚，富含著對生活與身體的信任。「宏大」、「幽邃」、「人力」、「蒼古」、「水泉」、「眺望」具備的大名庭園，光是逛完一圈，就相當費時費力。也因爲占地廣大，兼六園以動觀爲主、靜觀爲輔，遊客停留拍照的時雨亭、雁行橋、唐崎松、徽軫燈籠，都是靜觀自得的遊園勝景。我在不同的季節拜訪過兼六園，爛漫春櫻、蒼鬱夏樹、緋豔秋霜，卻難忘細雪妝豔的冬兼六。

一乘谷朝倉氏遺跡的庭園遺跡，滿布著歷史的悼殤，即使是一草一木也透露著難耐的痛。山代溫泉的旅館「法師」，名造園家小堀遠州以內斂謙退的禪宗格律，爲半畝見方的組石庭園帶來無限情趣。金澤兼六園的豪邁大器，則充盈武家名門的貴氣。漫步其中，雖然別有情致，但說不上來，總覺得少了一點點什麼。直到走入雪化妝後的兼六園，我才茅塞頓開。

兼六園的造景，起自於面向金澤城天守閣的斜坡，庭園肇建的初衷，是御用的「露地」（ろじ），「露地」就是茶室庭園，向來以養晦韜光的清寂見長。後來經過幾次擴建重修，雖然還是以小堀遠州低限主義的庭園哲學爲設計依歸，但畢竟大名庭園與茶室露地的理念互有牴觸，兼六園的美，就像是過度包裝且小心翼翼的精品，雍容中略顯做作。不過當大雪過後，所有的色彩、裝飾都隱埋在純白之下，天

兼六園

地間只剩下深刻持久的明潔之美。這才明白「浪漫」與「深刻」是不同層次的美。

浪漫之美讓人心動，深刻之美則令人感動。

大部分的時候，「美」是剝去繁文縟節後的眞實；而兼六園眞正的美，反而是消抹一切之後的歸零，莊嚴而神秘。

彷彿進入神聖的永恆。

美食・美人・美景

幾年前開始迷戀京都，每年總要找個機會去，什麼季節都好。

有天他說：「如果你喜歡京都，那麼你該去金澤看看。在日本人心中，金澤才是最保有日本傳統文化與工藝的地方。而且若狹灣自古即以『御食國』著稱，京都天皇的食材大都是從這裡送過去的。這一帶還有一個特色，就是『加賀美女』。加賀地區的女人皮膚細緻白嫩，和水質好有很大關係。」

位在金澤的兼六園是日本三大名園之一，於我而言，兼六園的雪景雖非那六種特色景觀之一，卻是最動人的景致。

在我們規畫的路線上，有美食、美景，還有極富盛名的加賀溫泉鄉，這個行程真是太讓人期待了！打開地圖，以富山為起點，沿著海岸線一路向西，右手邊是日本海美麗的海岸線，左手邊則是被譽為「日本阿爾卑斯」的飛驒山脈。因合掌村而享譽國際的立山，就在富山往南行的深山之中。（山路難行，建議熟悉日本路況後再嘗試挑戰這一段。）

我們規畫的北陸行程是從富山租車，直接往西至金澤，再一路往南，最後從名古屋離開。北陸的冬與夏，有著截然不同的兩種面貌。冬季的北陸，有金澤的兼六園雪景、加賀溫泉鄉，以及日本海海鮮；而夏季的北陸，東尋坊和若狹灣都值得一看。夏季訪北陸，可以先往北到能登半島的輪島，和倉溫泉一帶的千里濱海岸車道，是全日本唯一的沙濱公路，長達約八百公里，可以開車盡情奔馳在細沙上。或是從富山往南進入飛驒山脈一訪著名的合掌村，但風景優美的白山林道冬天並不開放汽車通行。

北陸保存了最傳統的日本文化，不只是有形的遺跡，也包括手工藝如漆器、陶瓷、和紙還有和食。在日本，為了讓具有某種手工技藝的「職人」得以傳承，設有「人間國寶」的資格認定。在名冊中，幾乎有一半都是出身北陸的老師傅。在舊日氣息濃厚的北陸行走，感覺就像穿越時空回到古代。

靠近日本海的石川縣和福井縣，這一帶捕獲的松葉蟹自古就是夢幻食材。尤其是福井一帶的松葉蟹（又稱越前蟹），被譽為「冬季海鮮的王者」。每年十一月一解禁，不少愛蟹人士就會專程前往福井大啖越前蟹。「品蟹」絕對是冬季北陸旅行的一大重點。

梵・酒造

為了酒，我們特別開了一個多小時的車，去鯖江拜訪「合資會社加藤吉平商

雪地開車要注意的事

由於北陸地區的道路有溶雪用的噴水裝置，日本人開車也很守規矩，因此冬季在日本開車並不困難。記得要在車上放一把雪鏟，租車最好是租四輪驅動的車（大部分的車都是前輪驅動）。

我們在大雪中往加賀溫泉鄉前進。雖然一路上都有「豪雪」的警語，但北陸一帶的道路是針對雪季設計的，只要有雪胎，冬天在北陸開車並不困難。

不可錯過的北陸海鮮

從北陸一路往丹後方向，松葉蟹的品種有越前蟹、香箱蟹、間人蟹。越前蟹有分等級，最高等級的「全蟹」，蟹腳上會繫著一個黃色的牌子。在福井，中大型的黃牌越前蟹，價格大約是兩萬多日幣。松葉蟹有幾種固定的食用方式：生食、蒸、天婦羅（炸）、烤、煮、雜炊。台灣人大多吃蒸的。日本人吃松葉蟹方式較為優雅，有幾個小技巧，可以請餐廳的服務人員教你如何漂亮的剝出蟹肉來。

香箱蟹的特色在於蟹卵。它的味道難以準確形容，介於蝦卵和魚卵之間，是很微妙的滋味。在金澤可以品嘗到好吃的香箱蟹。

除了螃蟹，富山螢烏賊也不可錯過，它的口感綿密細緻到會黏牙，彷彿剛剛從海裡捕獲般富有生命力，爽口、清脆又入口即化。除了炭烤，以醃漬方式製作的螢烏賊也非常好吃，到居酒屋一定要點來試試。

店」，一家以釀造清酒聞名的酒造。這裡有一款夢幻清酒，是十年熟成的酒，也有五年的，是天皇的御用酒。

我跟老闆說：「我是特別為了你的酒從台灣來的。」沒想到，我要買的十年熟成酒，必須在一年前預訂，所以我只買到兩年熟成的清酒。

我們要離開時，老闆還特別追出來，送了我們一瓶氣泡清酒，十分窩心。

八心集滿，心願成就

小濱位於琵琶湖北端，又稱為「若狹的小京都」。這一帶的物產，以前都是進貢給天皇的貢品。因為它的水特別乾淨，不論是米、蔬菜、漁獲、貝類，所有食物都極為鮮美。從若狹灣還有一條直通京都的道路，稱為「鯖通道」，用來進

梵・酒造

貢若狹灣捕獲的新鮮海產。

小濱有幾十座著名的古剎，包括神社（神道信仰的廟宇）、佛寺，以及兩者混合的廟宇。比起宏偉壯觀的京都，這裡的廟宇和寺院的格局比較小，但是古樸蒼勁。佛教就是從小濱傳進日本的，所以有些寺廟的歷史比京都的還要久遠。在這麼偏僻的地方蓋這麼多寺院，據說是因為古代的王親貴族，包括天皇在內，要遙祭祖先的時候，就會來到小濱港。

在台灣，商店的集點活動相當風行；但是在小濱，竟然有寺廟的集點活動，換的是「心願成就」。

他說：「集滿八個寺廟的章戳，就可以換一個『心願成就』！」這八間寺院中，除了一間比較遠，其中五間的距離很近，開車一天就可以蓋

小濱古寺

心願成就

完。

八百比丘尼

記得小時候看高橋留美子的【人魚系列】漫畫，故事敘述日本的古老傳說，如果吃了人魚的肉沒立刻死亡，會有兩種結果：長生不老，或變成非常恐怖的妖怪。「八百比丘尼」其實是一個悲傷的故事，相傳有個很漂亮的女孩偶然間吃了人魚肉，不老不死，大家都把她當做妖怪，不敢接近她，她只能四處流浪，出家為尼，四處為人治病。等到她活了八百年，看透了世間的離散無常，便回到故鄉，獨自找了一個山洞入定坐化。

我一直以為這只是虛構的故事，沒想到竟然會看到遺跡。這真是太不可思議了！

八百比丘尼

人魚

天皇御用的和菓子，伊勢屋「水羊羹」

粟津溫泉・法師

粟津溫泉不像山中或山代溫泉那樣有名氣，觀光客較少，溫泉旅館也不多。但這裡有一家非常特別的旅館，吸引我前來一探究竟。

「法師」旅館已有一千三百年歷史，據說是金氏世界紀錄中歷史最久的溫泉旅館。日本的旅館是文化與藝術的縮影，它悠久的歷史讓我十分好奇。

走進寬敞明亮的大廳，每一個細節都可以看出這家旅館的歷史感，卻沒有過時的擺設。

旅館有著長長的走廊，許多角落都能見到雅致的庭園景觀。整幢旅館圍繞著一座大庭院，庭院中有著巨大的雪吊松，還有高雅古樸的水池造景。

房間內的陳設刻鏤著旅館的悠久歷史，卻沒有老舊不堪的設備，現代生活的所需與古典的鋪設並陳，一切卻又如此的和諧。待在這個空間裡，彷彿像是穿越時空回到過去，令人感到不可思議。

本館內所有的房間都看得到庭院，推開窗戶站在陽台上，細數水中錦鯉，眼前的雪景又讓我想起了兼六園。

「這間旅館雖然歷史悠久，卻沒有拆除掉舊有的咖啡廳與酒吧，這樣的裝潢應

金澤必訪景點

● 金澤車站

為迎接北陸新幹線開通，JR 西日本重新打造金澤站，以現代語彙重新詮釋日本傳統建築的元素，站體壯觀宏偉，被評為「四百年後一定會被列入世界文化遺產」的鐵路車站。日本人在做公共建設的規畫時，思考都很長遠，包括兩、三百年之後它的永續性與歷史地位，這是台灣很缺乏的思維。

金澤車站

● 黑門小路

北陸一帶著名的手工藝品：漆器、瓷器、茶碗等各種傳統藝品全部都有，只要來到這裡就可以一網打盡。另外還有清酒專門店。.

● 近江町魚市場

在金澤，魚市場是必訪之地。來這裡可以痛快品嘗日本海海鮮，有些店要排隊一小時以上。為了吃到一碗鮭魚卵與海膽蓋飯，我們排了近兩小時的隊，但真的好好吃！而且在金澤，許多料理都撒上金箔，連市場裡賣的下酒菜也不例外。

金澤魚市場蓋飯

● 鴨肉治部煮（じぶに）

金澤的特色鄉土料理，「治部煮」就是加了糖的勾芡湯汁。推薦到八兆屋試試，北陸的特色料理一應俱全，比價性很高。

● 九谷陶藝村

位於小松機場附近，除了名家作品參觀收藏，更是個九谷燒大採購的好地方。許多店內有一區寫著「B 級品」，直覺就是特價的瑕疵品，但我們找了半天都沒有看到瑕疵。有些所謂的瑕疵，也不過就是盤部有如細沙般小的污點，價格卻是正品的三折，和台灣傳統市場賣的碗盤價格差不多。

鴨肉治部煮

該有讓人身在舊時代的錯覺吧？」他說。

負責服務我們的內將已經六十幾歲了，但皮膚白裡透紅、十分細緻，一舉手一投足都充滿女人味。加賀美女不論年紀，氣質和外表都具有日本古典美。

山中溫泉・花紫

一如台灣的溫泉，泉源地往往是最早利用的起點，通常會開闢成公共湯池，湯質最純。山中溫泉也是如此，稱為「總湯」。

山中溫泉一如其名，藏於深山環抱中，小小的蟋蟀橋跨越鶴仙溪，與蓊鬱的森林互相映襯。鶴仙溪有「北陸第一」的美譽，尤其是秋天，整座山都是紅葉。如果冬天來訪，泡湯、賞雪、體驗漆器製作，也是極致享受。而夏季的山中溫泉，一如鞍馬、鴨川，也都有川床料理可以體驗。

川床料理起源於平安時期，因京都夏季酷熱到讓人食慾不振。於是他們想了一個辦法，在溪邊搭起矮棚，讓公卿貴族們可以在溪流上一面乘涼一面吃飯，利用這天然的冷氣中消暑。在山中溫泉，也可以享受鶴仙溪畔的川床料理，吃著當地的山產美食，感受著拂過林梢的清涼微風，眼前是一片層疊鮮嫩的青綠。

法師旅館

花紫旅館所在的位置非常好，每個房間都可以觀賞到鶴仙溪美景，頂樓的露天風呂更可眺望完整的溪谷。館內空間融合了日式古典與現代的設計元素，花紫以時尚語彙呈現出加賀百萬石的華麗精美。

北陸這一帶偏愛用金箔做為生活中的點綴。我很好奇，日本這個崇尚簡樸、素雅的民族，會怎麼詮釋金色？

在金澤，我發現金箔不只用在食品、漆器上，還應用在許多不同的地方。而花紫則將此發揮得淋漓盡致，從旅館的建築本身開始，包括食物、室內設計、器皿，甚至用金箔裝飾電梯門，都能做到不落俗套。

花紫的餐廳非常出名，除了料理十分精采外，旅館設計師將和紙靈活、大膽的運用，更將和紙堅韌的特性展露至極限。整個餐廳的隔間和牆壁都是由和紙變化出的立體雕塑，配合柔和適中的燈光，以極簡的元素展現出華麗的氛圍，令人不得不驚歎日本人的美學底蘊。

蟋蟀橋

鶴仙溪

花紫所使用的九谷燒器皿皆由當地名家製作，不但與食材做最完美的搭配，品嘗美食佳餚的同時，也是一場視覺的饗宴。花紫的餐食十分精緻可口，烹煮調味不輸給東京米其林餐廳。

九谷燒與山中漆器

選擇在山中溫泉落腳的另一個原因，是它的漆器和九谷燒。

和食的深奧之處，除了烹調的方式，也講究食材與器皿的搭配。比方說，味噌湯都配紅色或黑色的碗，就是要凸顯湯的顏色。青色的盤子、白色的瓷器，也都有使用的規矩。不只是盛裝菜餚的器皿，酒器與茶具也都是學問。

山中以漆器聞名，稱為「山中塗」。以前不覺得使用漆器吃東西有什麼特別，但比較後發現真的有差異。吃高級料理時體會尤其深刻。菜剛煮好上桌時最好吃，但隨著時間流逝，溫度的改變使得味道變差，用漆器盛裝的食物，滋味特別鮮甜，而且可以保持住食物的香氣，即便冷了，也不會出現不新鮮的味道，這是我覺得最神奇的地方。

使用九谷燒搭配加賀野菜最有感觸。加賀野菜非常新鮮，是我吃過最好吃的蔬菜。然而，再怎麼好吃的蔬菜，如果搭配單一色調的盤子，招待客人會顯得有些寒酸。於是日本人就使用色澤華美的九谷燒與野菜搭配，品嘗鮮甜野菜時，也同時進行了一場華麗的視覺饗宴。

雪中兼六園

抵達金澤的第一個行程，就是前往兼六園。兼六園四季皆美，最為人所稱道的是冬季的雪景。

我們抵達時並沒有下雪。景色雖美，但總覺得好像少了點什麼。也許是先前過度的期待，心裡有種說不出的失落。我們默默祈禱，希望在金澤的這兩天，能夠遇上一場雪。

跨年夜裡，我們在旅館專注地看著電視上的紅白歌合戰。我向窗外瞥了一眼，驚呼：「你看！那白色的！」

九谷燒

他以為我看到什麼怪東西，嚇了一跳：「應該是月光吧？」

「不是！下雪了！」我說。推開窗，庭院中的石燈籠已覆蓋了一層厚厚的雪。

「開始下雪了！明早我們再去兼六園，看雪

如何選擇溫泉旅館？

很多人都說，日本的溫泉旅館多到讓人眼花繚亂，要怎麼挑選呢？日式旅館可分幾大類別：通常可依兩個原則進行：

①溫泉名宿　例如：指宿・白水館
②料理名宿　例如：間人炭平
③建築名宿　例如：唐津・洋洋閣道後館
④景觀名宿　例如：玄妙庵
⑤歷史名宿　例如：粟津法師
⑥頂級名宿　例如：加賀屋・俵屋

面對這麼多選擇，先問自己「最想要的是什麼」，是美食，還是景觀？「一路東瀛」的網站非常方便好用，在選擇旅館時，可以從旅館精選的頁面上輕鬆找到著名旅館資料。

小小提醒：在日本，舉凡遠離都會的區域，中小型的傳統旅館，內將通常都不會講英文，要有心理準備。不過即使語言不通，他們依然能非常完美的提供服務，這就是日本人貼心、細心的地方。

法師餐點

漆碗

吊松！」他說出我心裡的話。

我們原本計畫要去神社做新年參拜，既然下雪了，就改了行程去兼六園看雪景。新年這天是無料入園，所以人特別多。每個走進園內的人都驚呼一聲，接著就安靜的拍照，我也不例外。

站在昨日曾停駐過的水池前，眼前的銀白天地讓我心蕩神馳，感覺自己脫離了現實世界：「好美！」

「這就是兼六園著名的『雪化妝』。」他說。

下雪之後，天地就轉換成另外一個世界，極致寧靜的世界。松樹與枯枝上積滿了綿雪，看起來像是棉花糖樹，天空則是另一種層次的灰白。如果不是眼前往來的人們身上穿戴著顏色，這世界彷彿像是黑白電影一般，沒有任何色彩，任何聲響都會破壞這份寧靜的美感。

他說，下雪的聲音就像玉碎。隨著大片的雪花落下，碰觸到衣服或臉龐的瞬間，我彷彿聽見了微小的破碎聲：「喇」。雪花在觸及萬物的瞬間，化了開去。那樣清雅悅耳的聲響，只有在靜默中才能夠聽見。

粉雪裝飾後的兼六園，彷彿變成一位風華絕代的美女，每一個角度，每一個細節，都讓人捨不得將目光移開。我像從來沒看過雪似的，任性地在雪中站了兩個小時。突然一陣雷聲傳來，天上降下了大雨，人潮瞬間散去。

我們走到著名的時雨亭，進去躲雨前，門口的老先生拿著竹刷將我們身上的殘雪一一拍落。

啊，因為裡面都是榻榻米，擔心會弄溼吧！

我們脫了鞋，走進鋪滿榻榻米的空間，找了一處角落，靜靜凝望時雨亭庭院的雪景。在時雨亭內，衆人屏息，沉浸於驚人的天地大美之中。

時雨亭内

建議行程

第1天
富山～金澤

第2天
金澤（冬）、**輪島**（夏）**～加賀**

第3天
加賀（山中、山代、粟津）

第4天
福井縣與小濱市

第5天
福井～名古屋

2 四國・瀨戶內——故事中的山與海

宮島・鳴門・金比羅

一九六〇年代，正是二戰後經濟復甦，意氣風發的「所得倍增計劃」時代。人們走出了戰敗的消沉低迷，迎接歌舞昇平的「昭和元祿」。

「元祿」指的是江戶時代中期的「元祿」年間，以天皇、貴族、公卿為中心所發展出來的精緻文化，具有濃厚的庶民特色是核心精神，是一種上行下效的藝術風潮，從文學、哲學、科學、工藝……無所不包。昭和三十年後景氣快速成長。電視機、洗衣機、電冰箱進駐到每一個家庭，我們所熟悉的日本國民文化，也在這個時期遍地開花，所以這段經濟與人文的復興，被後世稱之為「昭和元祿」。

漫畫家有手塚治蟲、藤子不二雄、水木茂、長谷川町子與赤塚不二夫；在映畫界有小津安二郎、溝口健二、黑澤明、「特攝之王」丹谷英二、市川崑、大島渚；流行音樂有美空雲雀、渥清美、石原裕次郎；職業棒球、摔角、大相撲躍上新聞頭條。東京鐵塔、東海道新幹線、名神高速公路、東京奧運、日本萬國博覽會、小田急百貨的開幕。日本向世界宣告：「我們回來了！」

昭和元祿文化，充滿自信，高調昂揚，每個人都相信「やれば出来る」——只要實踐就能成功。如此的社會價值觀，奇特的反映在另一個領域，那就是登山運動。

為了山，造訪四國

著名的散文家與登山家深田久彌從北海道到南九州，走訪大大小小不同的險岳高嶺，最後，依據山的品格、歷史與個性，精心挑選出一百座山岳。一九六四年七月，新潮社將深田久彌的隨筆集結成冊，今天，《日本百名山》仍深深地影響亞洲的登山運動。台灣登山界的「百岳」，當然也有「百名山」的影子。

在《日本百名山》中，德島縣的劍山與愛媛縣的石槌山，是四國唯二入選的兩座名峰。前者在古代創世神話中占有一席之地，後者在修驗道信仰裡成爲重要靈場。所以，第一次造訪四國，就是爲了山。

年少時，對山岳攀登運動充滿無比狂熱。在台灣完成百岳之後，便將目光投射到海外，從喀拉崑崙到安地列斯，我都曾背著行囊，嘗試用自己的方式，一步一步地攀登造訪。在完成槍穗高連峰縱走與富士山後，一個人搭上夜行巴士，二十四小時之後，站在標高一九五五公尺的劍山三角點，遠眺想像中的瀨戶內海。

後來幾次的四國紀行，走訪了弘法大師的八十八箇所、追尋坂本龍馬、夏目漱石與正岡子規的足跡。四國，對我來說，是一座時間佇足流連的記憶之島。

嚴島神社——獨一無二的存在

一千三百年前，白居易在飄落顛沛的旅次中，留下了「琴詩酒伴皆拋我，雪月花時最憶君」的動人詩句。百年之後，樂天詩中的「雪月花」，成爲和式美學中耽溺的追求，日本三大名園，就是分別以「雪中的兼六園、月下的後樂園、紅花霜葉的偕樂園」著名。不過提到「雪月花」，最著名的，還是傳世已久的「日本三景」。

寬永二十年八月十三日，著名的儒學家林春齋在《日本國事跡考》中，寫下「松島、此島之外有小島若干、殆如盆池月波之景、境致之佳、與丹後天橋立・安藝嚴嶋爲三處奇觀。」這是古代文獻中，第一次將松島、天橋立、嚴島神社列爲奇觀。差不多又過了半世紀，著名的本草學者貝原益軒在拜訪天橋立之後，也在《己巳紀行》中寫下了「日本三景」的詞彙。

此後的三百年，「日本三景」成爲旅行者心中死前一定要造訪的名勝。《古今和歌集》、《百人一首》、《後拾遺集》、《枕草子》、俳聖松尾芭蕉、獨眼英豪伊達政宗、位極人臣的平清盛、浮世繪畫師歌川廣重，都曾經以不同的方式見證三景亙古恆新的唯美風情。

對我而言，三景所代表的，是南宋晚明的中國美學，過渡轉化到東洋後，引

歌川廣重〈日本三景圖〉

領日本文人以「詩」與「禪」爲出發，重新理解與體悟自然之美的精神原鄉。

走入三景，就踏入大和美學的核心。

日本歌手水森香織的歌曲《安芸の宮島》這樣唱著：

ひとりで旅する　おんなの背中（獨自踏上旅程女人的背影）

泣いているように　見えますか（看起來是否像在哭泣）

あなたをどんなに　愛しても（無論心中如何愛你）

いつかこころの　すれ違い（總有一天兩心不再相應）

安芸の宮島　朱色の鳥居（安藝的宮島紅色的鳥居）

胸の痛みを　わかってほしい（胸中的痛楚希望你知曉）

……

這首歌，爲瀨戶內海的風景憑添了幾分哀戚惆悵。不過我總覺得，三景之中，嚴島神社最爲豔麗、也最貴氣。一八二五年歌川國貞的浮世繪名作〈紅毛油畫風·安芸の宮島〉，就畫著兩名精心妝扮的藝妓，乘著輕舟，搖曳至海中紅色鳥居前。

對於喜愛古代建築的我來說，神社，是感受自然崇拜與原始信仰的最佳場所。在神社建築淵源流長的演變中，發展出五種最核心的基本樣式，稱之爲「造」，分別是：造型簡潔莊嚴的「神明造」；古樸典雅，類似古民居的「大社造」；具有強烈唐風的「春日造」；前簷優美延伸的「流造」；與神社內部切割成前後兩區，外緣則環繞著低矮朱欄的「住吉造」。而這五種形式，和唐宋建築有密不可分的關聯。

單就建築觀點，嚴島神社本身就是獨一無二的存在。九百年前，來自中國的建築風格，在嚴島神社融入在地的傳統形式，可以說是最成功、也最優美的經典範例。

今天我們看見的嚴島神社，是平安時代末期權傾天下的平清盛擴建而成。根據

歌川國貞〈紅毛油畫風・安芸の宮島〉

平清盛的想法，神的存在凌駕世間一切，即使是神的住所，也不應該「因地制宜」。所以，嚴島神社的樣式，完全突破了安藝灣天然輪廓的限制，不顧工程的困難與颱風、潮汐經年累月可能的傷害，任性地在海上自顧自的增建神社，卻因此呈現出某種既衝突又融和的超現實之美。

每位經由海路拜訪嚴島神社的旅人，一定都有相同的錯覺——像是民間傳說中的浦島太郎一樣，進入琳琅華美的龍宮寶殿。在這裡，所有的一切都有可能實現，旅行者將自己小小祈願寄託潮信，希望天地之間有情的眾神，能傾聽我們微不足道的心事。

日本文化基本形式：序、破、急與殘心

有一件很奇怪的事，我是從倫敦亞非學院「日本研究」課程踏入東洋美術的殿

嚴島神社

堂。即使我是土生土長的台灣人，卻大老遠跑到英國去了解日本。

記得開學的第三週，課程是日本雅樂（ががく）。雅樂是源自於上古時期的中原地區，相對於民間娛樂性、遊戲性較強的「俗樂」，儒家把雅樂奉爲最高典範，認爲它的樂音「中正和平」，歌詞「典雅純正」，上古時期將這些音樂編輯收錄在《禮記》與《詩經》，尤其是「大雅」、「小雅」和「三頌」。雅樂的功能在於宮廷祭祀、朝賀與宴饗時使用。周公旦制禮作樂的「樂」，孔子感歎禮崩樂壞的「樂」，指的都是雅樂。

孔子很討厭宮廷的飲酒作樂、唱歌跳舞的流行音樂，如果他老人家今天在世，一定會把**K-POP**或碧昂絲稱做「靡靡之音」。不過到底哪個受歡迎，魏文侯告訴子夏說：「吾端冕而聽古樂，則惟恐臥，聽鄭衛之音，則不知倦。」意思是我正襟危坐的聽雅樂，不過實在是太悶了，很怕一不小心就趴下去睡著，不過當我聽流行歌曲時，卻怎樣也不會累。所以聽古典音樂會打瞌睡，也不是一天兩天的事。

正因爲這種「靡靡之音」不夠端莊，上不了廳堂，進不了廟堂，也不會收錄在《詩經》或《禮記》，自然難登「大雅」之堂。

雖然孔子他老人家大力提倡雅樂，疾呼「惡紫之奪朱也，惡鄭聲之亂雅樂也，惡利口之覆邦家者」，無論俗豔的配色、動感十足的流行舞曲或是胡說八道的名嘴，也改變不了普羅大眾的喜好與媚俗，隨著時間推移，雅樂也逐漸凋零。

回到課堂，我接觸的第一首雅樂，是現代作曲家武滿徹與伶樂舍的合作《秋庭歌一具》。老實說，乍聽之下，並沒有「三月不知肉味」的感動，倒是對聆聽後的曲式分析印象深刻。

雅樂有「序、破、急」三段形式：「序」是開端，樂音舒緩自由，以「無拍子」及低速度進行，太鼓則以節奏支撐樂曲；「破」是主旋律的加入，敘事或抒情成爲主題，節奏清晰，但速度仍維持在慢板；最後則是「急」，速度加快，節奏則更加強烈明朗，音樂在情緒的最高潮結束，只留下繞梁餘韻讓人回味。

「序、破、急」三段形式，類似西方劇場「設定、對立、解決」的「三幕構成」（Three-actstructure）。不過我個人感覺更像是古典音樂中「呈示、發展、再現」（Introduction&Exposition、Development、Recapitulation）的奏鳴曲式（Sonataform）。有些作曲家會覺得樂曲在「呈示、發展、再現」後，仍不太夠，於是加入「尾奏」（Coda），讓情感更飽和，而且更讓人意猶未盡。雅樂也有尾奏，稱之爲「殘心」。

「殘心」代表了當源源不絕的意念與動作結束時，也要將餘韻投向遙遠的未來。白居易「天長地久有時盡，此恨綿綿無絕期」就是《長恨歌》的殘心。

「序破急」與「殘心」不僅是雅樂的原始格律，也構築成了日本文化的基本形式。能樂、連歌、蹴鞠、香道、歌舞伎、淨琉璃、相撲、劍術、柔道、合氣道到藝術理論，都應用到了「序破急」的格式。

歌舞伎名作《藤娘》，講述紫藤花精幻化成人，追求愛情的傳奇故事。開場時舞台一片漆黑，歌聲在幽闇中緩緩漾出，緊接著漫天花瓣中，藤娘現身，在薰風中與飛花共舞，營造出唯美絕倫的夢幻氛圍，這是「序」。接下來，藤娘與凡間男子相遇，共譜戀曲，直到被負心人拋棄，滿懷悲憤怨懟之情，這是「破」。最後藤娘回到花叢中獨舞，化成一道輕煙，消失在茫茫人海，這是「急」。而空無一物的舞台仍迴盪著哀淒的長唄，讓觀眾浸淫在藤娘的純情與感傷中，這是「殘心」。

茶道中的「拭」也是如此。茶道師範向客人作禮後，按一定的方式摺疊袱紗，象徵性抹拭茶器及茶杓，表示淨化。首先袱紗以舒緩的速度輕拭茶碗邊內緣，這是「序」；然後微微加強力道擦拭茶碗外側，表示用心，這是「破」；最後在師範稍稍加快速度用袱紗拭過茶碗底部，這是「急」；俐落地收束動作，留一份「殘心」，準備進入下一階段。

我曾在嚴島神社的高舞台，近距離欣賞過雅樂《陵王入陣曲》。陵王就是以五百騎突破洛陽圍城，「音容兼美」的蘭陵王高長恭。高長恭的故事一向爲人津津樂道，陵王破陣的故事先被寫入民間音樂，然後傳入宮廷，隋文帝大業年間晉升爲雅樂曲目。到了初唐，遣唐使將《陵王入陣曲》帶回日本，並將原來的沙陀調改成日本傳統的壱越調。蘭陵王被內化成日本律典的一部分，宮廷禁內的重大儀式，宗教祭祀的年中行事，《陵王入陣曲》都是獨舞曲目。

時間來到平安末期，嚴島神社受到平氏一族的尊崇拜。一手打造武家政權的平清盛，在擔任安藝守期間，每年六月十七日的「管絃祭」，平清盛本人就會粉墨登場，以蘭陵王的姿態演出《陵王入陣曲》。

在開端的「序」，身著朱紅戰袍，頭戴面具，手持短棒，緩緩步上舞台，巡場，要把蘭陵王（或是平清盛？）不可一世的氣勢展現出來。緊接著蘭陵王以豪邁激動的步伐、跳躍，與至剛至陽的肢體揮灑，表現邙山之役智勇過人、大開大闔的戰爭氣勢。這是「破」。大戰過後睥睨群雄，至陽至剛的煥發英姿，這是「急」。不過在最後，蘭陵王高長恭畢竟還是凡人，面對生命現實，要懂得謙卑退讓，敬天

《陵王入陣曲》

〈平清盛炎燒病之圖〉

愛民，這是「殘心」。

平清盛喜歡蘭陵王，也熟悉《陵王入陣曲》的典故由來，卻忽略了天道循環的眞理。平清盛在保元之亂（一一五六年）的政爭中贏得後白河天皇信賴，來又在平治之亂（一一五九年）打敗了源義朝鞏固地位。後來升任太政大臣，隔年出家，女兒平德子嫁給高倉天皇成爲皇后，開創了誇稱「沒有平氏，其他人就沒法生存」（平氏にあらずんば人にあらず）的輝煌時代。但平氏的獨裁逐漸引起貴族、僧人、武士的反對，動亂也由此而生。

平清盛與後白河法皇的對立，再加上他逼迫女婿高倉天皇退位，擁立自己外孫安德天皇即位，成爲「相國入道」（和尚宰相），權傾一時。不過平清盛也知道，現世所有的政治成就都來自於他個人強悍性格與卓越政治才能，平氏其他人都過於平凡庸碌，所以他積極建立以平氏爲中心的武家政權打造體制，卻不幸於一一八一年死於熱病。

三年後的壇之浦戰役，平家被源氏滅門，從此退出歷史舞台，消失在山野之間。而源氏當家源賴朝，依據平清盛的政治設計，開創奠定了歷經鎌倉、室町、江戶七百年的武家政權。

平清盛坐像

京都洛東的六波羅密寺，收藏著創作於鎌倉幕府（一一八五～一三三三年）中期的平清盛坐像。這尊坐像製作者是誰並不清楚，但他根據《平家物語》的記述，從坐相，眼神到姿態，將平清盛目空一切，倨傲輕慢的神韻栩栩生動地表現出來。

「序破急」與「殘心」，是藝術形式的原則，我想，也是日本文化對自然韻律的感悟。從中國的二十四節氣到日本的七十二候，「春耕、夏耘、秋收、冬藏」的季節往復，也隱含了「序、破、急、殘心」的基本格律。

回到嚴島神社，在建築結構與空間布局上，當然也維持著「序破急」三段格式。

從本島搭乘擺渡，緩緩進入瀨戶內海，最後穿過朱紅的鳥居，這是「序」；登岸後，踏在海面映射進神社的波光，走入清寂深幽的長廊，來到本社的拜殿與臨海的「高舞台」，這是「破」；離開本社後，從左方繼續前行，迴廊不再是直角曲折，而是以拋物線逐漸脫離主建築群，這是「急」。而嚴島神社後方彌山的參拜道，則是宮島之旅的「殘心」。

不過我想，大部分人離開嚴島神社後不上彌山，會選擇越過宮島町商店街購物和吃東西，二十一世紀的悲哀，就是消費取代了藝術，成爲現代旅遊的「殘心」與「殘念」。

幻想與寫實交錯——金刀比羅宮書院典藏

金刀比羅宮眞正吸引我的，不是琴平山登高望遠的遼闊，而是位於書院中罕爲人知的藝術珍品。

十八世紀，對應於西歐巴洛克時代，以及大清帝國康雍乾盛世與江戶寬永元祿文化，瑰麗秀雅的藝術風格無論在何時何處，都受到熱烈歡迎。在日本，現代繪畫的風格與技巧在富裕承平中悄悄茁壯。伊藤若冲、曾我蕭白、長澤蘆雪、圓山應舉，將東洋藝術帶入幻想與寫實交錯的奇特領域，金刀比羅宮書院中的典藏，就透露出這樣的訊息。

我曾經在城崎溫泉的大乘寺與圓山應舉有過短暫交會。繪製於「山水之間」的

金刀比羅宮 表書院 - 圓山應舉〈山水之間〉

金刀比羅宮 表書院 - 圓山應舉〈七賢之間〉

金刀比羅宮 表書院 - 圓山應舉〈虎之間〉

障壁畫，透過二維的線條描摹與三次元的深度透視，在咫尺見方，邀請看畫的我們進入異樣的山水空間：孤松、小橋、浮島，以及遠方靉靆氤氳的霧氣，鋪陳出輕舟浩渺的愜意，不知不覺就跌入畫中，無法忘懷。

一七八七年與九四年，先後兩次，圓山應舉遠從京都來到金刀比羅，留下客殿四間表現風格迥異，從淡泊到威嚴兼俱的裝飾水墨：「鶴之間」「虎之間」「七賢之間」與「山水之間」。我特別喜歡圓山在「虎之間」中，在深澗飲水的猛虎父子，在畫中，無論是右方的霸氣生風的虎父，或是略顯稚拙的虎子，不僅討喜，也帶著萬獸之王的威嚴。

東山魁夷瀨戶內美術館

瀨戶內海旁，有一座充滿著詩情與浪漫的所在，黏接著舊時代與新世界的破口，在驅車前往的路上，我不禁跌進回憶之中。

那年的第一場雪，輕輕地落在東山的鴨川左岸。蕭瑟淒寒的北風，掃過細雪飛舞的街道，花見小路、白川南通的行人，早已不見蹤影。游離的冷空氣，夾帶著沉謐無語的滄桑。

東山魁夷〈年暮〉

走在大文字山僻靜的小徑上，最能感受其中的幽密淡漠。路的盡頭，有一處小小的平台，剛好，可以遠眺京都的天際線。

初雪綿綿地在空中灑落，屋瓦、蓬頂，全都籠罩在靜默裡。時間緩緩地流動，最後，停留在蒼白的永恆之中。腦海中，剎那的美，從遺忘的角落浮現；記憶裡，充滿懸念與哀思的美，和眼前的景致如此的契合。

時間回到一九六八

年，川端康成告訴東山魁夷，希望他能夠用自己的方式，爲京都的美留下永恆的見證。畫家將文學家的建議放在心裡，那年的冬天，東山魁夷「京洛四季」系列中的〈年暮〉，誠摯地將京都的浪漫與悲緒描摹下來。

〈年暮〉，在君問歸期未有期的漂流中，觸動我內心最深的鄉愁。

東山不僅是日本近代畫壇的祭酒，和川端康成、橫光利一、中河哀秋一樣，在文學創作屬於二戰後蔚爲風潮的「新感覺派」。「新感覺派」強調藝術以主觀感覺爲核心，剝除外在表相的種種虛假，否定客觀，以「新的感覺」表現自我、感受世界。

多年前，偶然讀到東山所寫的《一片葉子》，貼近存在主義式的「唯我」筆觸，將一片落葉的前世今生、脈絡紋理，從季節更迭到哲學思辨，描寫得悱惻纏綿。透過東山的文字與繪畫，讓人與「自然」在百轉千迴後久別重逢，令年少的我沉醉不已。

東山魁夷瀨戶內美術館，就座落在工業區外緣，瀨戶內大橋下一個奇妙的所在。建築本體不算大，卻給我一種親密的感受，映照著內海閃耀的粼粼波光，現場從外到內，洋溢著《萬葉集》式的古典情懷。

就風景畫的角度來看，東山絕對是世界級的大師。出身於明治末期開放繁華的

卡斯柏・大衛・腓德烈希〈濃霧中的巨峰〉

橫濱，從青少年時期就對西方寫實主義有高度理解。一九三〇年代，東山魁夷選擇一條艱難崎嶇的藝術之路——前往德國研究繪畫。對於日本美術界而言，冷冽的北歐風格當時還沒有進入日本主流，根據東山自己的說法：

「與其說是高雅，我的心境更爲素樸……比起放任情感，我更傾向謹慎節制……」

在柏林留學時期，東山魁夷接受十八世紀浪漫主義的薰陶，尤其對卡斯柏・大衛・腓德烈希（Caspar David Friedrich）情有獨鍾。腓德烈希擅長捕捉大自然陰鬱雄渾的崇高之美，高山、大海、荒原、廢墟，在靜穆寂寥中，畫家看見莊嚴與永恆。東山對腓德烈希的藝術觀點，可說是一

東山魁夷〈月夜〉

東山魁夷〈月宵〉

東山魁夷〈秋山〉

東山魁夷〈綠山〉

拍即合，浪漫主義的岸偉進入東山魁夷的世界，終其一生，他的畫是一幕又一幕蒼涼的獨白。欣賞東山的畫，就像在大自然中踽踽獨行。

東山魁夷也曾先後三次造訪中國，足跡踏過黃山、桂林及絲路。東方山水浸潤著畫家無限渴求的內心。後來畫家爲唐招提寺所繪製的障壁畫〈揚州薰風〉、〈黃山曉雲〉、〈桂林月宵〉、〈濤聲〉，都是用中國水墨來呈現流轉無常的生命眞實。

就這樣，東山徘徊在文明交會的十字街頭，以東方審視西方，再以西方觀照東方，融合西方浪漫主義的寫實與東方水墨的詩意追求，創作出一幅又一幅動人作品。在〈月宵〉中，望月的清輝灑滿大地，地平線的盡頭氤氳著迷濛詩意；在〈松庭〉裡，色彩暈染成對生命的喜悅；一九五二年的〈綠溪〉，高雅蘊藉的蒼碧，讓尋常的野溪林木，訴說知命樂天的禪思哲理；而另一幅作品〈朝之內海〉，沐浴在晨光中的瀨戶內海，勾起我們心中淡淡的鄉愁。

東山魁夷的藝術之美，在於以西方技法道出「幽玄」與「物哀」和式美學的純粹極致，細細品味在絢爛之後的平淡，在物是人非的風霜之後，低迴在內心底層對生命最深的依戀。

鳴門渦潮──凡人對大自然的敬畏

連接播磨灘與伊予水道，鳴門渦潮可說是無人不曉。在浮世繪畫集《六十余州名所圖會》中〈鳴門的風波〉，歌川廣重把湍急的渦流幻化成《聖經》中毀天滅世的末日驚濤，在駭人情景中注入凡人對大自然的敬畏。

不過我個人最喜愛的，還是奧村土牛筆下的渦潮。

歌川廣重〈鳴門的風波〉

奧村土牛〈鳴門〉

生於一八八九年的奧村土牛，被藝術界譽爲「近代日本畫壇第一人」，擅長以微妙的色彩描寫自然景致，營造幽遠卻充滿靈動的藝想世界。雕塑家羅丹曾經說過：「我唯一的野心，就是對於自然的卑順忠實。」奧村土牛的創作，可以說充分表達出羅丹的藝術觀。

一九五九年的〈鳴門〉，正是土牛藝術成熟圓融的精采之作，漩渦的視覺衝擊，沉潛爲內心風景的寫照，波濤中的白浪，像是大氣中流動的雲彩。土牛將隆隆作聲的渦潮變成靜謐無聲的天光，恐懼虛化成詩。我看著腳下翻騰的渦漩，內心從人生若只如初見的激動，慢慢平復。這是土牛在鳴門感受到的一切，如今，我也領會了。

坂上之雲博物館

一九六八年四月二十二日，在《產經新聞》晚報上，開始長達四年半的長篇連載。作者司馬遼太郎擅長融合事實與虛構，裁切剪貼歷史素材，以引人入勝的個人視角，將生澀冷硬的歷史化爲讓人愛不釋卷的生動故事。這部以明治日本爲舞台的歷史小說《坂上之雲》，以正岡子規、秋山真之與秋山好古爲主角，以人物側寫大時代的變動。

坂上之雲博物館（外觀）

與作家夏目漱石、尾崎紅葉、山田美紗有深厚交情的正岡子規，是明治時代的文學宗匠，尤其在俳句的成就斐然，改變了近代俳句的格律與形式，爲古老的文學注入清新能量。同時，子規也是日本引進棒球運動的第一人，他翻譯棒球運動的漢字術語如「打者」、「好球」、「三壘手」、「跑者」、「高飛球」……一直沿用至今，二〇〇二年以詩人的身分進入名人堂，算是特例。儘管文采飛揚，子規的身體卻不太好，曾經隨軍採訪中日甲午戰爭，返國時在輪船上咳血，後來證實是肺結核，隨著病情加劇，三十四歲就英年早逝。

《坂上之雲》另一位主角秋山眞之，也是子規的童年好友，曾經以參謀身分加入海軍大將東鄉平八郎所率領的聯合艦隊，參加改變近代史的日俄戰爭，在關鍵性迎擊波羅的海艦隊的決策上有突出表現。東鄉在戰爭前後，都給予眞之極高評價。

而眞之的兄長秋山好古，則以陸軍騎兵的身分追隨陸軍大將

坂上之雲博物館（内部）

大山巖參加甲午及日俄戰爭，在奉天會戰中擊敗十九世紀末號稱「地表最強」的哥薩克騎兵團一戰成名。秋山好古將傳統普魯士騎兵組織與法蘭西騎術結合，打造出全新的戰術型態，因此也被稱為「日本騎兵之父」。

松山城下由安藤忠雄設計、隱身於濃林深蔭中的坂上之雲博物館，就是以小說為主軸，敘述出身伊予風雲男兒與時代故事的建築空間。我個人喜歡用博物館說故事的概念。基本上，安藤忠雄將司馬遼太郎的小說文字化為清水模紀念碑，明亮、宜人，雖然強調博物館造型取象自乘風破浪、蓄勢待發的戰艦，不過室內空間紊亂，設計得有點無趣，這是一大敗筆。

儘管如此，我喜歡博物館對明治歷史嚴正的態度：小說的歸小說，關於史實的陳列井然而不隨便（畢竟我們都看過太多馬虎的博物館）。

對於我這個歷史控而言，吸引人的，終究還是歷史。

神祕、獨特的四國

善用多航點，行程更豐富

在電影《死國》中，四國是個充滿神祕咒術與傳說的地方，彷彿隔絕於日本的其他地區，具有獨特的風土民情。因為離本州較遠，自古以來，不只是文化和信仰與本州不盡相同，地理位置的與世隔絕，也讓許多古代的神祕傳說一直流傳下來。

四國共有四個縣：德島、愛媛、香川、高知。日本人說，這四個縣的縣民個性完全不同，從花錢的方式就可略窺一二：

- 德島縣人愛創業，一有錢就想馬上開公司，所以中小企業很多；
- 愛媛縣人愛漂亮，一有錢就會立刻拿去買衣服；
- 香川縣人愛存錢，有錢都會存起來，最保守也最實際；
- 高知縣人愛喝酒，一有錢就買酒喝，所以酒量最好。而高知縣女人在日本國內也是出名的酒量好。

我是個「旅行不喜歡走回頭路」的人。做旅行計畫時，發現地圖上的廣島離四國並不遠，將它納入行程不但可以造訪嚴島神社，又能沿著瀨戶內海遊玩四國。所以，先飛到廣島、再從高松返台，是個一舉數得的好計畫。台灣有班機直飛四國的高松，若想深度遊四國，是最好的選擇。

海中的朱色大鳥居

日本三大景之一的嚴島神社，位於廣島縣名叫「宮島」的小島，與四國之間只有短短的六十六公里，從廣島搭船只要二十分鐘。走訪嚴島神社與彌山後，隔天再搭渡輪到四國的松山港，夜宿道後溫泉，這段路程可以讓旅程更加豐富精采。

我與嚴島神社的第一次見面，紅色大鳥居居然不是在汪洋大海中，而是在一片沙洲上。

即使退潮，也還是有好多人朝沙洲走去，大鳥居下圍了一群人。我們也跟著走近，看到大家紛紛把錢幣塞進附生於鳥居木柱的貝殼間許願。

原來，廣島神社流傳著一個傳說：諸神會隨著海潮的漲退，乘著船從鳥居中進出，人們將錢幣嵌在鳥居上許願，神離開的時候，就會把願望帶走。所以，大鳥居

嚴島神社

的柱子底部，滿滿的都是錢。嵌不牢的錢幣，就落在沙地上，積成小丘。

宮島散策

以雪月花著名的三景，其中的「花」就是宮島彌山上的春櫻與紅葉。只有走進

嚴島神社局部

彌山，才能感受商隱詩中「停車坐愛楓林晚，霜葉紅於二月花」的浪漫情致。

秋季的紅葉谷公園，是西日本十大賞楓景點之一。到宮島，不如搭乘纜車上彌山，從獅子岩觀景台，可以看見散布在瀨戶內海的島嶼，猶如蓬萊仙山一般。藍天大海與星羅棋布的島嶼，構成有如仙境的畫面。所以，自古就流傳，彌山是神仙居住的地方，有許多神祕、不可思議的傳說。

旁邊的景觀告示牌說明，彌山山頂有一條路線，沿途有各種奇岩怪石，大約一小時可以走完。

登上彌山山頂，眼前的四國大島自海中突起，蒼翠山巒勾勒出層層疊疊的青色天際線。那就是我們接下來要開車前往的地方。這和我之前的印象完全不同。我從來沒想過，將觀看的距離拉遠，可以看見截然不同的樣子——如此清麗夢幻的四國！

彌山上有間寺院，裡面許多小沙彌造型的石雕。當地居民為這些雕像做了各種裝飾，戴帽子的、戴眼鏡的，十分可愛。我曾和日本人一起工作，覺得日本人很嚴肅，做事一板一眼、中規中矩（當然喝完酒又是另外一回事），看到他們用幽默又不輕侮的方式，將石雕裝扮得充滿人性，才發覺原來日本人也有許多可愛的想法和舉止。

沿途還有好幾間大大小小的神社，或新或舊，香煙裊裊。它們都讓人覺得平靜、安寧，難怪這裡會被稱為「靈山聖地」。其中，彌山本堂是弘法大師百日修行的地方，遙想著大師的八十八所靈場遍路，接下來的四國之行，大師是否也會護佑相伴？

利用鐵路旅行，雖然可以看見窗外的風景，卻無法感受到地形的變化。開車和爬山會帶來截然不同的感受。唯有用身體確實的經歷地表的起伏、地貌的轉變，如此真切的貼近土地，才會明白為什麼日本人這麼尊敬自然，為什麼如此虔誠、熱烈的信仰衆神。

小石像

炸楓葉饅頭

牡蠣

來宮島，一定要試試牡蠣。可先嘗試路旁小店的烤牡蠣，新鮮又好吃。如果想嘗試炸牡蠣或清蒸等吃法，不妨到「牡蠣屋」，這裡有多種選擇。

楓葉饅頭是廣島的名物之一，宮島這裡的「炸楓葉饅頭」看起來雖其貌不揚，但一口咬下，外皮酥香，內餡卻綿軟香濃，會讓人不知不覺吃下好幾個。

道後溫泉

道後溫泉極富盛名，這一帶的旅館選擇也是琳琅滿目。我推薦ふなや（Funaya）與道後館，前者常有皇族入住，又有著名的美麗庭園，是此地最熱門的旅館。黑川紀章的道後館，融和傳統與現代和風設計，外觀像是一層層堆疊而上的積木。每一層都設有庭園造景，三樓的庭園還有一間著名的茶屋。有的房間附有露天風呂，藉由巧妙的設計，讓住客在享受戶外泡湯時也不用擔心暴露隱私；沒有露天風呂的房

廣島飯勺

廣島的另外一個特產是飯勺。它大概已經變成廣島的標誌了，滿街都賣盛飯用的飯勺。

據說，宮島的居民長年過著極為貧苦的生活，大約在 1800 年前後，一位名叫誓真的和尚看到這個情形，苦思著要改善當地居民的困境。有一天，他夢見女神辯財天。醒來後就用御山的神木，模仿辯財天手上的琵琶形狀製作飯勺，還將飯勺的做法傳授給居民。

嚴島神社香火鼎盛，以往來參拜的人沒有什麼土產可以買，島民生產出的木製飯勺，就成了知名的紀念品。飯勺改善了島民的生活，「可以帶來好運的飯勺」更成了到廣島必買的幸運物。

火車便當

廣島的火車便當很特別。即使沒有搭火車，也可以在廣島車站買到火車便當。從廣島市到四國松山，需要搭乘汽船橫渡瀨戶內海。我們買了牡蠣便當，在海上航程中慢慢享用。它的造型是一個飯勺，裡面就是美味的牡蠣蓋飯。

間，就有景觀可賞或附帶小庭院。

頂樓的和洋特別室，從房間可以眺望松山城，每個客房都擁有自己的家徽和名字，從玄關的插花到室內的掛軸，處處細心、講究。

道後溫泉本館巍峨的三層樓木構造建築始建於一八四九年，濃郁的傳統風情融入現代西化的元素，正門口氣勢恢弘的唐破風（門上的拱形檐）是它最醒目的特徵。內有天皇御用的房間，可以進入參觀。

傳說道後溫泉是日本最古老的溫泉，它起始於一隻受傷的白鶴，來這裡泡澡後，傷口就奇蹟般的痊癒了，也由此開啓了道後溫泉三千餘年的歷史。

二〇一四年，為了慶祝一百二十年慶，這裡舉辦了「道後溫泉藝術節」，邀請藝術家利用道後溫泉區的各種元素進行創作，旅館房間、浴衣，建築本體，都成為展現創意的舞台。

有一件作品讓我們印象深刻，叫做「霧中的白鶴」。每天到了固定的時間，藏在三層屋簷中的管線就會噴出水霧，營造出如夢似幻的神祕感，配合燈光，襯托屋頂的鶴形雕塑。復古街燈的光線在朦朧的霧氣中搖曳著，強化了明治時代的特殊氛圍，讓人感覺彷彿回到了過去。

道後溫泉

金刀比羅宮

離開道後溫泉，我們往琴平前進。除了金刀比羅宮，琴平附近還有很多文化遺產。日本許多藝術家與文人皆出自四國，因此四國有很多博物館、美術館，無論是建築還是藝術，都非常值得一看。

金刀比羅宮的神明主要是護佑人出外遠行、捕魚、交通平安。以前交通不便，各地信衆就派戴著「參拜金毘羅」的木牌、香油錢和飼料錢的狗狗，代替主人前來參拜。因此，金刀比羅宮也塑了一尊小狗的銅像，紀念辛勞的「金刀比羅犬」。我們到訪的那天，剛好一群人帶著導盲犬去金刀比羅宮參拜，圍著「金刀比羅犬」拍照留念。這些狗狗忠實、辛勞地陪著主人完成各種任務，很令人感動。

琴平花壇

爬完金刀比羅宮別著急離開琴平，不妨在此過夜。我們選擇夜宿「琴平花壇」，是因為日式「數寄屋」客房。這裡有三間接待過皇族和許多文人

金刀比羅犬

騷客的特別房「長生殿」，也接受一般的訂房預約。它並非空有名人的名氣加持，房間內的裝飾本身就是無價之寶，尤以長生殿的襖繪（畫在紙門上的繪畫）最為精采。

浴衣怎麼穿

辦完入住手續後，溫泉旅館的内將（姉さん／ねえさん）會將配備完整的浴衣交給客人，並親切地教你如何穿著，左面在上才是正確的，穿反就變成壽衣了。

另外，台灣人不太習慣穿著浴衣外出，總覺得這樣做好像很失禮。可是在溫泉街上，你會看到不管男女老幼都是穿著浴衣的，請放心的穿著浴衣出門吧！

在本館泡湯也是不容錯過的體驗，這裡還保存著皇室專用的湯屋，精緻的細節讓人歎為觀止。

愛媛蜜柑

「食物」是日本溫泉旅館的一大特色，一定會讓旅客吃到最在地、最新鮮、最自豪的特產。在道後溫泉，旅館的早餐一定有當地時令的現打果汁。因為愛媛縣產的愛媛蜜柑十分有名，不只在旅館内，溫泉街的商店裡也陳列著各式各樣的柑橘汁，品種多得讓人眼花繚亂。原來，橘子的品種不一樣，香氣就完全不同，口味偏酸的伊予柑，甜味十足的晴姬，有高雅的瀨戶香……但不管是哪一種，果香都很細緻。除了果汁，也有果凍製品，不妨也試試。

待在這樣的空間裡，就可以明白日本人的生活方式。為什麼他們要把鳥、鶴、山、海……畫在屋子的拉門上？中國古代是用屏風，這些主題都是畫在屏風上，但很少會以室內的門、牆為畫布。

參觀許多日本古老的歷史建築後發現，這就是日本人對自然的喜愛。就算是待在室內，也想要感覺大自然包圍著自己。他們希望能隨時隨地感受到自己和外在世界的連結，不管是擺設也好，繪畫也好，都表現出與大自然緊密結合的心願。

「富士見台」的房間

我們訂的是「富士見台」的房型。我說：「不得了！在這居然也可以看到富士山，難怪日本人要把富士山當聖山啊！」

安納燒芋

小小的琴平車站，開車很容易忽略，值得一提的是車站附近賣的安納燒芋。雖然稱為「芋」，其實是地瓜，口感非常細膩。這個品種的地瓜，全日本甜度最高，一定要嚐嚐！

狗狗御守

由於「金刀比羅犬」的緣故，這裡的御守也以狗做為設計主題。金刀比羅宮大概最會行銷包裝的廟宇了，御守設計得精巧絕倫，讓人忍不住就買了一堆。

他聽完後大笑：「拜託！這裡是四國，你知道離富士山有多遠嗎？」

「那……為什麼叫富士見？不就是房間內可以看見富士嗎？」我指向窗外，遠處真的有座山，很像富士山。

「那是讚岐富士！」他說，日本人喜歡將當地看起來像富士山的山稱做「XX富士」，這叫做「鄉土富士」。

琴平花壇的晚餐是一道道精采絕倫的美食，將瀨戶內海最鮮美的海產與讚岐牛等名物一網打盡。餐後的甜點蛋糕，是用名物

富士見台和室窗外景象

長生殿內觀

長生殿外觀

「和三盆糖」所製作，綿密香甜，毫不膩口。離開四國前，我還特地買了和三盆糖帶回台灣，希望可以把在這裡的美好體驗，化成口中的糖，一併做為甜美的回憶！

另外，也許是住琴平的旅客都會去挑戰金刀比羅宮的階梯，所以這家旅館還有一處非常漂亮的泰式按摩Villa，非常貼心。

東山魁夷美術館

離開琴平進入香川縣，又是完全不同的人文風情。我們把車停在瀨戶大橋的紀念公園，本以為他要帶我去看壯觀的瀨戶大橋，沒想到他是要去美術館。在這裡，他介紹了東山魁夷這位畫家給我認識，小小的美術館裡，全部是東山魁夷的畫作。

東山魁夷的畫有種說不出的迷濛感，簡單的景色、基本的構圖元素，在他的筆下，變成了充滿感情與溫度的畫作。東山魁夷很喜歡青色，而且他的青色充滿了層次，神祕又有點夢幻。

建築物本身也很美。東山魁夷最有名的作品是〈道〉，而美術館就將〈道〉融入建築的地景設計裡。美術館裡設有咖啡廳，坐在這裡，整片透明玻璃窗如同畫框，直接將瀨戶大橋納入畫中，美得令人驚歎！

東山魁夷美術館

東山魁夷〈道〉

「這裡，才是觀賞瀨戶大橋最好的地方。」他笑著對我說。

鳴門漩渦

在德島的鳴門附近，有個世界著名的「鳴門漩渦」，從香川駛往德島時，一定不能錯過這個奇景。它是世界三大漩渦之一，最大的漩渦直徑可達二十公尺。當地的信仰和文化與這個大漩渦的關係很密切，德島最著名的阿波舞正是其中的代表。從瀨戶大橋往鳴門前

進，可以到大鳴門橋的「渦之道」看大旋渦。

大鳴門橋非常的長，與山海之間構成的景觀也很值得一看。從附近的「鳴門山展望台」可乘坐六十八公尺的手扶梯，登頂後遠眺整個大鳴門橋，視野非常好。從展望台往下走就會抵達大鳴門橋的「渦之道」，透明的地板距離海平面四十五公尺，讓你在旋渦的正上方觀察洶湧的波濤。如果想更刺激一點，也可以坐船到旋渦的旁邊近距離觀賞。旋渦的大小與季節、潮汐時間密切相關，春季的旋渦規模最大。

鳴門旋渦

德島鯛魚料理

四國的最後一夜，我建議在德島住宿，隔日再去高松機場搭機回台灣。落腳於德島，除了可以看到附近的鳴門漩渦，德島的鯛魚也是讓人吮指再三的極品佳餚。

伴手禮

讚岐烏龍麵，高知縣柚子的相關土產也不容錯過。在四國，到處都會看到柚子醋、柚子酒還有柚子七味粉。四國產的柚子酒是限量的，某些有名的牌子產量很少，根本沒有全國鋪貨，只有在當地才買得到。

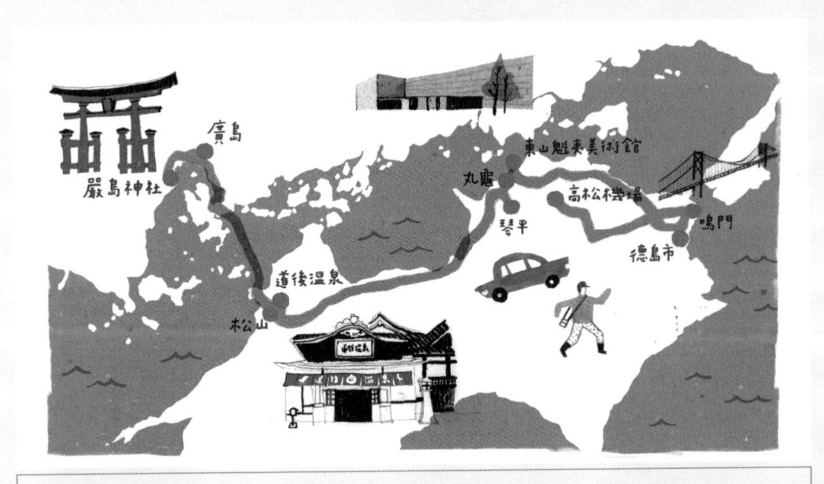

建議行程

第 1 天
台北～廣島（夜宿廣島車站附近）

第 2 天
廣島 嚴島神社

第 3 天
廣島～搭船 前往松山港～夜宿道後溫泉

第 4 天
松山～琴平～夜宿琴平花壇

第 5 天
琴平～鳴門海峽（香川縣美術館）**夜宿德島**（吃鯛魚）

3 九州——近代文明的交會

薩摩・佐賀・八千代

不知道爲什麼，小時候，在後山的老家裡，放著一本和裝本《論語》。印象深刻的原因很簡單，因爲這本《論語》從選紙、書寫、折丁、製本到裝幀的方式，都和其他的書很不一樣。紙的觸感溫暖細膩，每個折丁與袋綴都很仔細，不過內容滿滿的盡是瀟灑潦草的草書。雖無法理解，但和式書法優雅的氣韻卻深深烙印在眼底心中。

記憶中綺麗東洋的殘影片斷

這本書很舊了，封面與線孔都有些脫落。這本不知道從哪兒來的天書，著實爲我的童年帶來不少樂趣，裡頭各種飛揚跳脫的字形，讓我目眩神迷。我不純熟的握著畫筆，依樣畫葫蘆的在紙上鬼畫符。

多年以後，再翻閱這本《論語》，依稀記得某處有著「文久」和「肥後」的字樣。「文久」這是日本江戶時代的元號，時間定序在一八六一

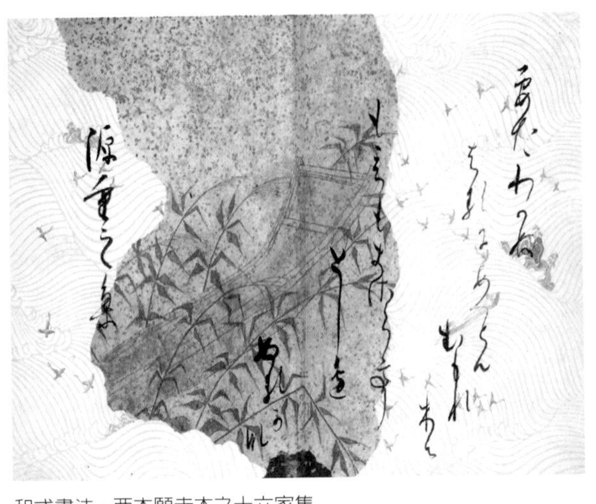
和式書法 · 西本願寺本之十六家集

到一八六四年之間。當時的天皇是孝明，即明治天皇的父親，幕府則由第十四代征夷大將軍德川家茂主持，再過七年就大政奉還，進入現代化的改革維新。「肥後」則是九州熊本的舊名。

換句話說，這本舊書少說也有一百二十年的歷史，就這樣被扔在客廳裡。又過了幾年，老家社區被一把無名火燒燬，多少光陰積累灰飛煙滅，這本《論語》應該在大火中付之一炬了。

先不論這本《論語》的價值（或是價格？），文久年間的和裝書，的確在我的腦海中留下揮之不去的美。後來，我又接觸了許多古書，也收藏了一些。在尋尋覓覓中，追尋隱沒在字裡行間的感動，回溯童年時那種淡淡的喜悅，來自於純粹的觀看，與世俗度量無關。在大火中消失的《論語》，成了記憶中綺麗東洋的殘影片斷。

這是我和古書的初次邂逅，也牽起了我和筑紫之島遙遠朦朧的情緣。

最具歐陸情調的薩摩工藝品

一八六七年，萬國博覽會在法蘭西第二帝國的首都巴黎舉行。

儘管倒幕動亂讓日本烽火連天，薩摩藩與鍋島藩仍在英國駐日本國公使阿禮國（Sir Rutherford Alcock）的邀請下參加了這次的博覽會。

幾年前，薩摩藩的藩主島津齊彬鑑於中國在鴉片戰爭後的衰敗，東方第一大國的沒落，爲這個列島王國帶來沉重且即刻的危機感。一八五一年，齊彬在鹿兒島市北方的磯地區大興土木，成立東洋第一座現代化工廠。這座製造中心集紡織、鑄鐵、造船於一體，稱之爲「集成館事業」。從新式大砲到蒸汽輪船，從武器彈藥到罐頭食品，甚至連西方世界甫採用不久的瓦斯燈，都在集成館積極地實驗、生產。

現在，旅人在拜訪九州名庭仙巖園時，仍可在仙巖園旁看見集成館事業的遺址。成爲「遺址」，是因爲從薩英戰爭（一八六三年）到明治維新期間的西南戰爭（一八七七年），集成館事業的生產設備受到嚴重毀損之故。集成館事業是日本近代化的啼聲初試，爲日後明治與大正時期的工業化奠下基礎。

除了船堅砲利的軍事現代化外，本身有「蘭癖」（喜愛西方事物）的島津齊彬，對於西方工藝品也情有獨鍾，玻璃切子，就是最具歐陸情調的薩摩工藝品。

相較於西方所流行的威尼斯水晶與波希米亞水晶，薩摩切子給予人更強烈的存在感。十九世紀下半，從貴族到中產階級，不約而同將目光投向玻璃工藝。

一八五一年在倫敦所舉辦的第一屆萬國工業博覽會，由約瑟夫．帕克斯頓（Joseph Paxton）所設計的水晶宮（The Crystal Palace），就是玻璃與建築工藝的里程碑，全世界都看到玻璃簡約的美學潛能與商業價值，各國爭相投入研究開發。

薩摩切子跳脫洛可可與新藝術繁複亮華的流行表現方式，純粹就幾何的「形」（Pattern）來衍變，俐落分明、別出心裁，受到藝術界的重視喜愛。薩摩切子的文樣有：龜甲紋、魚子紋、麻葉小紋、六角籠目、十六菊紋、霰文……等，從簡單發想，華麗中不失沉穩的設計

水晶宮

感，將奢華淬鍊成優雅的生活感性。

一八五三年，第十三代幕府將軍德川家定的正室篤姬嫁入江戶時，所有帶去的嫁妝、器皿，乃至生活用品，全都是高貴簡潔的薩摩切子。

對我而言，薩摩切子隱隱透露出了茶道「侘寂」精神，與畢達哥拉斯式的理性和諧之美，這是其他玻璃工藝品無法比擬的。

薩摩切子

薩爾小京都——知覽

國道二二六線，從指宿到枕崎，四十七點一公里的快意奔馳，沿路景致雋永迷人。

九州有許多令人心動的開車路線：別名「熔岩道路」的二二四號國道，是仰望櫻島火山的最佳路線；從山上廣場到中岳火山口，「阿蘇山公園道路」（あそざんこうえんどうろ）雖然需要料金，「草千里」天蒼野茫的壯闊景色絕對讓人心曠神怡；連結熊本線宇土半島與天草諸島的天草明珠線（天草パールライン），是吟詠人文與自然的優雅詩篇；擁有日本最美夕陽的眞玉海岸（大分縣），薈萃神話傳說及田園風光的神話街道（宮崎縣），都是萬中選一的旖旎風光。

選擇國道編號二二六號的「南薩摩路」（みなみさつまろ），不爲別的，因爲紺碧的海與秀麗的山，特別令我著迷。每個轉角都讓我憶起年少時在東台灣旅行，南迴與蘇花，作家琦君筆下「剛才在山上看海，片刻之後在海邊看山」的情迷意亂，在此也能體會。

我們沿著海天一色的公路前行，被稱爲「薩摩富士」的開聞岳近在眼前。在碧海藍天之下顯得風情萬千。南薩摩路也是九州頗富盛名的茶區，知覽自古以來就是

南薩摩路

海天一色的公路

重要產地，茶園遠映著海色天光，讓所有人都放慢節奏，佇足留戀這天人合一的難得美景。

知覽是一座值得花時間流連的小鎮。被稱爲「薩摩小京都」的知覽町，保留著江戶時期，風格質實剛健的武家屋敷。七座列爲國家名勝的借景庭園，雖然是中學生也知道的「枯山水」與「池泉」式設計，但是透過「母岳」的借景，讓有限的庭園空間延展至無限天地。長長的碎石道，綿綿的羅漢松，傍水舒緩，予人一種「街長台門深」的浮想聯翩。眼前彷彿已看見台門裡美麗而寂寞的少婦，懷抱著悔教夫婿覓封侯的惆悵。

特別是森重堅邸與平山亮一邸庭園，即使轅輻折衝不大，卻保留了時間進程的流動之美。山石、水泉、白砂、

森重堅邸庭園

樹木、疊石，含蓄精緻的空間布局，體現出協調情理、宜人適用，且具有明亮基調與節奏的東方情調，追求雅淡幽靜的禪家氛圍。

生活中種種浮躁張揚，在這裡凝成內斂婉約的抒情想望。不遠的所在，是另一個時代的罪愆印記與傷痕。

知覽武家屋敷群

平山克己庭園入口

一九四四年五月，日軍飛行第五戰隊長高田勝重帶領四架零式戰機，在慘烈的比亞克島戰役（Battle of Biak）中撞沉了一艘美方驅逐艦，成爲神風特別攻擊隊（しんぷうとくべつこうげきたい）的先驅。到了秋天，日軍爲了在節節敗退的菲律賓戰區力挽狂瀾，海軍中將大西瀧治郎正式組建了以自殺攻擊爲目的的「神風特別攻擊隊」，以「一人一機，一彈一艦」的戰術手段，企圖與美軍太平洋艦隊同歸於盡。

這些特攻隊員平均年齡不足十八歲，上級不斷以武士道精神、個人英雄主義與尊皇攘夷的思想，激勵這些少年以死殉國。當然，一群熱血愛國的青少年投身沙場，不過更多的是，在軍令如山的脅迫下無奈地飛上青天，有去無回。

大概許多人不曉得，知覽曾經是太平洋戰爭末期神風特攻隊的大本營。戰後，民間蒐集了一萬四千件特攻隊員遺物，以及一千零三十六名殉死隊員的相片、日記、作戰地圖、遺書，成立了知覽特攻平和會館（ちらんとっこうへいわかいかん）。其中還包括了從零式、一式、三式與四式四架戰鬥機的殘骸，以及特攻隊員的絕筆、遺詠。

二〇一五年二月，會館向聯合國教科文組織提出申請，希望將收藏的特攻隊員

戰鬥機殘骸

館内陳設

遺書、信件等三百三十三件物品列入世界記憶遺產名錄。後來申請在初審中落選，沒被審查單位所接納。

我細細的閱讀隊員的遺稿，其中大部分都帶著恐懼與悲哀，即使官方宣傳說隊員隨時都有殉國的準備，實際上許多人晚上就寢後都躲在被窩裡偷偷哭泣。他們最期待與開心的時候，是附近女子高中生每週的例行訪問，這是隊員們早逝的青春中唯一的火花。

全館以淒婉感人的方式閃現反戰思維，卻有意無意的規避反思戰爭責任。之前我也拜訪過許許多多宏揚民族精神與愛國主義的教育基地：中國陝西的延安革命紀念館、美國華府中心的華盛頓紀念碑、北朝鮮的主體思想塔與普韋布洛號、甚至是波蘭奧茲維辛集中營，也有類似的傾向，官方總是

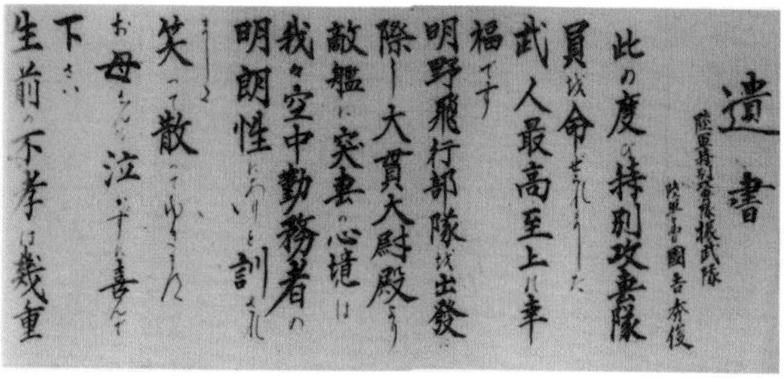
遺書

此の度は特別攻撃隊員を命ぜられました
武人最高至上の幸福です
明野飛行部隊の出發に際し大貫大尉殿より
敵艦に突撃の心境は
我々空中勤務者の明朗性にありと訓され
笑って散ってゆきます
お母さん泣かずに喜んで下さい
生前の不孝は幾重

特攻隊員遺書

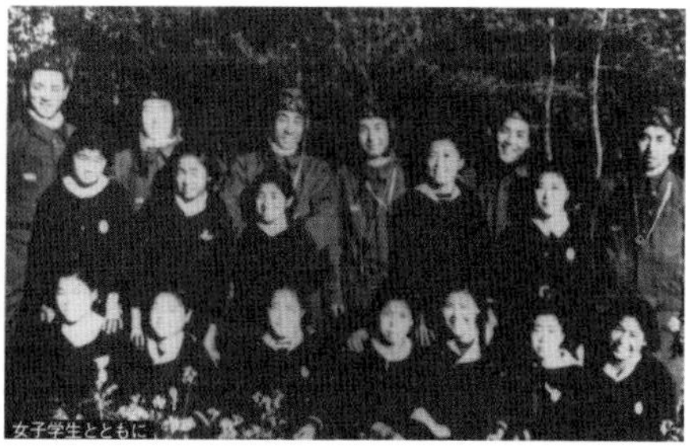

女子高中生例行訪問

「選擇性的客觀」闡述歷史模糊事實。

也難怪，愛爾蘭文豪王爾德也說「愛國主義是邪惡的美德」（Patriotism is a virtue of the vicious），這樣的反省，奠定了二十世紀後半的世界和平。

當特攻隊員從知覽起飛，越過開聞岳的同時，他們是否知道，再也回不了家？難道對生命沒有一絲的留戀嗎？

我想知道。

歌舞伎「形」與「構」的世界

小時候在錄影帶中，跟著大人一起看過歌舞伎。印象中都是怪腔怪調的吟唱，及畫得很可怕的妝。大概是受那幾次觀賞的影響，總覺得歌舞伎是另一個次元的嗜好，這輩子大概沒什麼緣分。所以，年少到日本，對歌舞伎一點興趣也沒有。

某次偶然的機緣，依稀記得是霜葉正紅的季節。不知道哪來的雅致，興沖沖地買了大阪道頓堀松竹座最便宜的票。總之，從那天開始，一頭栽入歌舞伎「形」與「構」的世界。

那天的演出是東京的《顏見世》。江戶時代的歌舞伎役者（演員），大抵是一年簽一次約，這種制度類似現代演藝公司的經紀約，期間是從本年十一月到翌年十月。所以每年十一月，經紀公司會將今年簽的所有演員集合在一起，向民眾強力放送今年的簽約卡司，請民眾繼續支持歌舞伎的演出。爲了加強宣傳，經紀公司幾乎將旗下一線演員集合出場，彷彿就是歌舞伎界的《復仇者聯盟》一樣痛快過癮。而且一次公演就是四小時，怎樣都覺得划算。

話說回來，因爲是最便宜的票，所以被發配到離舞台最遠、最接近樓上緊急出口的座位，但是那天的演出，卻讓我難以忘懷。從音樂、人物、動作、服裝，每個細節都無與倫比，遙望著舞台，就像是遙

歌川國芳〈義經一代記〉五條橋之圖，源義經（小名牛若丸）與弁慶第一次相遇。

望著一場遠不可及的夢，所有的一切似乎伸手可觸，卻總在下一個瞬間消失在虛空之中。現在回憶起來，就像是睜開眼睛做夢一樣不切實際。

那天有兩場舞踊，九代目松本幸四郎演出《勸進帳》中的弁慶，以及坂東玉三郎的《鷺娘》。

《勸進帳》中的弁慶，是日本中世紀平安時代末期的傳奇人物。原為僧兵的武藏坊弁慶，追隨主公九郎判官源義經，在征討平氏的戰爭中有出色功績。不過後來因為義經功高震主，在兔死狗烹的歷史邏輯中，兄長源賴朝開始對義經一門趕盡殺絕。

迫於形勢，源義經與一班家臣流離竄亡，從關東到近畿，源義經一行在奈良和京都的山野間四處躲藏。源義經也知道，如此下去不是長久之計，也沒有東山再起之時。幾經考慮後，決定投奔少年時鼎力相助、恩同再造的奧州鎮守府將軍藤原秀衡。一一八七年二月，源義經與家臣們喬裝成勸募重建東大寺的行腳僧，踏上煙塵迢渺的旅程。

為了避開戒備森嚴的關東，源義經一行繞道進入越前（福井縣），取徑山險路難的北陸道。然而通緝令早已布達全國，源義經一行在加賀的安宅關引起守將富樫左衛門的懷疑，關所要求僞裝成募款僧的源義經一行把勸進帳（募款帳冊）拿出來檢查。

根據傳說，膽大心細的弁慶急中生智，隨便呈上一份毫無關係的書卷，謊稱是勸進帳（想必守將也看不懂），並舌粲蓮花的將富樫左衛門唬得一楞一楞的。不甘心被騙的富樫左衛門，仍覺得弁慶身邊的源義經很可疑，弁慶便用力對源義經大吼：「都是因爲你這個娘娘腔長太像九郎判官，每次都給我添麻煩！」然後拿金剛杖重重的扁了源義經。弁慶逼眞的演技徹底瓦解了富樫左衛門的心防，富樫左衛門心想：「哪有小弟敢痛扁老大。」於是通關放行。

即便是生死關頭，冒犯了主君，弁慶仍感到十分愧疚。離開關所後，弁慶淚流滿面，向源義經下跪請罪。身爲老闆的源義經也是個明白人，在說了幾句貼心話後，主從相視而泣。

幸四郎的弁慶，透過臉部與肢體的表演，將「我倆沒有明天」的流亡心情，傳達給台下觀眾。悲憤、羞愧、激動、狂放，即使在多年之後，我仍能感受到武藏坊弁慶複雜的心緒。

相較於至陽至剛的大聲公弁慶，坂東玉三郎的《鷺娘》則美得令人心碎。

《鷺娘》述說一隻白鷺精，因爲渴慕人世的愛情，於是化成人形，以年輕女子的姿態落入凡塵，在情愛幻滅後墮入悲傷的無明深淵。於是，女子在大雪紛飛中躑躅、漫舞。最後，她站上舞台中央的紅毯，以獨特的姿勢結束劇碼。

冷光中，舞踊在幽寂飄忽的曲調中展開，身著「白無垢」、手持和傘的女子在沉默的雪夜中現身。鷺娘頭上罩著白布，背影在幽黯中輕輕擺動，當她緩緩轉身的同時，我感受到現場溫度驟降到冰點下，有人驚呼，有人讚歎，我則是被捲入無邊的蒼白之中。

隨著劇情的鋪陳，鷺娘在變裝中轉換身分與心情：紫衣是滾滾紅塵中的憧憬冀望，粉紅是戀愛中的心情觀照；當鷺娘以紅衣出現時，良人早已變心遠離，一襲紅衫是痛徹心扉的眞實反映。當鷺娘由人形回歸鷺鳥，拖著受傷的羽翼，拍撲抖落翅膀上的雪花，每一寸肌膚都滿盈著悲悽。

最後，滿臉愁苦、一頭漆黑散亂長髮的她，站在舞台中央的紅毯，舉手投足，每一個細微的動作都綻放出上古女先知被鬼神附身的驚人氣勢，在生命被釋放淘空之後，鷺娘氣絕而亡。

當燈光再度亮起時，我看見許多人在偷偷拭淚。

宗山流胡蝶鷺娘白無垢

鈴水春信的鷺娘

鷺娘

《鷺娘》可說是日本舞踊中的《吉賽兒》，歌舞伎裡的《垂死的天鵝》（The Dying Swan）。那天驚鴻一瞥的美讓我回味了好久好久，當我知道坂東玉三郎是一位年近半百的中年男子時，半晌說不出話來。

當然，也因為觀看松竹座《顏見世》的經驗，讓我迷上歌舞伎。歌舞伎太美了。

尤其是百煉千錘的「女形」。

女形可以類比為傳統京劇中的「旦」，坂東玉三郎相當於中國近代的梅蘭芳，而歌舞伎女形舞碼《雪姬》、《八重垣姬》與《鷺娘》，就像是中國戲曲中《霸王別姬》、《貴妃醉酒》或是《遊園驚夢》。記得在一次訪談中，有人問玉三郎為什麼走入女形的世界，他回答：「我傾慕那伸手不可及的美。」

正是那「伸手不可及的美」，引領我進入東方美學的堂奧。

別具風味的古老空間——八千代座

一九九〇年，坂東玉三郎在九州進行專場公演。所謂的「專場」，就是一線演員平常會帶領二線演員及子弟兵，在特定劇場定期巡演。也因為檔期固定，每年都

八千代座

會吸引擁戴的戲迷票友追星。話說玉三郎來到熊本縣某個沒落溫泉鄉的舊劇場，原以爲會看到一座破敗寒酸的小舞台，坂東卻被「它」深深的吸引。

接下來的四分之一世紀，每年二月，玉三郎都會來這裡舉行公演。在坂東的奔走之下，這座古老的劇場恢復了生機，也爲全世界喜愛表演藝術的同好留下一件出色的文化遺產。

「它」，就是八千代座。一座與眾不同，且別具風味的古老空間。

西方戲劇的起源，負有祭祀、

儀典的功能，今天存在於地中海周圍的古代劇場，每個細節都向世人說明，台上的表演者與台下的觀眾，分屬於世俗與神聖兩個世界。即使到了今天，現代劇場空間仍十分拘謹，連輕咳一聲都要十分小心。

東京太田浮世繪博物館，收藏著一幅由三代目歌川豐國的作品〈踊形容江戶繪榮〉，忠實的將十九世紀歌舞伎座的熱烈嘈雜帶到我們面前。一樓的觀眾席，是鋪著榻榻米、切割成四方形的座位，二樓則是用酒紅色布幔與欄杆區隔，席間的觀眾，有人正襟危坐，有的卻大吃大喝，一點也不扭捏做作，充滿活力。畫面的右手邊，有一條細細長長的「行板」，這是一樓觀眾出入時的通道，萬一在演出時想上廁所，就得在眾目睽

歌川豐國〈踊形容江戶繪榮〉

初代廣重〈東都名所猿若町芝居〉

歌川豐國〈大芝居繁榮之圖〉

睽之下爬進爬出。這種小劇場在江戶時代十分受歡迎，無論台上台下，空間感十分親密。

當時的演員，除了在舞台上賣命演出，有時候還會走下台來與觀眾聊天，一同享受悠閒片刻。浮世繪中的〈市村座（市村劇場）〉，正是日本傳統舞台的眞實寫照。

位於熊本山鹿市的「八千代座」，是極少數維持著江戶風情的傳統劇場。走入八千代座，就像是走入「芝居繪」裡一樣令人興奮！舞台後的襖繪，可以依照劇碼與時令調整更動。舞台正中央設有可以三百六十度旋轉的巨幅圓盤（廻り舞台），讓戲劇呈現有更多的可能。

面對舞台的左手側，有一道稱之爲「花道」（はなみち）的長廊，讓二度空間的舞台有了三次元的效果。歌舞伎演員有時會走下花道，穿過觀眾席。在戲劇表現中，花道上的演出脫離舞台，象徵著走向演員幽微而深層的內心，役者與觀眾共同探索角色最晦澀的情感。

以家喻戶曉的《假名手本忠臣藏》（仮名手本忠臣蔵）爲例，這齣戲描述的是日本江戶時代元祿年間歷史事件。赤穗藩藩主淺野長矩因故被高家旗本吉良義央羞辱，憤而傷人，而後被降罪自殺；後來赤穗藩家臣四十七人散入民間，混進江戶城爲主君報仇。

情節進行到後段，主角大石內藏助在斬殺吉良義央復仇成功後，幕府雖然嘉其忠義，卻仍依法嚴懲，將軍下令與事家臣全體切腹自盡。當大石悲壯赴死時，就是孤單地走上花道，全場觀眾屏息凝視，望著他淒涼寂寞的身影在狹長的花道上逐漸遠去，觀眾都深受感動。這不僅是一部國仇家恨的倫理戲，就意識型態上，也是某種反戰、反暴力的表現。

此外，隱蔽的「迫」（せり），可以讓演員在觀眾意想不到的時間與位置突然出現。歌舞伎的中央舞台與花道都設有這樣的機關，每當妖魔與幽靈等恐怖角色突然躍出，都會有婦女小孩因爲受到驚嚇而失態。

我在京都的祇園南座看《皿屋舖化妝姿鏡》時，女鬼阿菊突然在我的面前現身，就害我大叫了一聲。散場時，大家都斜眼看我，大概心裡都在想：「這麼大的人了，怎麼膽子這麼小……」

說實在的，不是膽子小，實在是太入戲了。

不過，八千代座眞正讓人眼界大開的，是天花板上目不暇給的「工商服務」，

八千代座舞台

八千代座天花板廣告

由櫺格切割的天花板，每一格都是由不同商家所出資的廣告。從米販、酒造、藍染、鑄鐵、小代燒，到化妝品、旅館、餐廳、日常雜貨……，應有盡有。坐在觀眾席中，很難不被這些喧譁的廣告所吸引。或許，有些人會覺得現場不夠莊重，但比起冰冷、面無表情的現代劇場，八千代座顯得更有人情味，也更人性化。

我在其他地方也看過類似的芝居小屋，秋田的康樂館、愛媛的內子座，到兵庫的永樂館，即使規模雷同，卻都缺少了八千代座的蓬勃生氣。

我從小就喜歡野台戲，後來將這種興趣延伸到電影、歌劇、芭蕾與歌舞伎。歌舞伎就呈現內容來說，有人聲、有音樂、有舞蹈、有戲劇，基本上，歌舞伎的形式十分貼近華格納所提倡的總體藝術（Gesamtkunstwerk）。

現在的八千代座，是大正十二年（一九二三年）增建完成的，平成年間又曾大力翻修，劇場內可容納約一千兩百名觀眾同樂。著名的歌舞伎演員坂東玉三郎，每年都會在八千代座進行公演。坂東曾經說過：「這裡是所有演劇的原點。」

光是衝著這句話，千里迢迢來到這個山中小鎮也值得了。

器之用・器之美

某一個冬日午後，陽光溫暖得像是陽春三月。課堂上，教授帶我們進入大英博物館的文物收藏室。那天參觀的主題是東方器物，同學都相當興奮，畢竟這樣的機會並不常有。

記得當時教授引領我們來到一只陳舊的木箱前，封口還貼著第一次世界大戰前的海軍徽幟與封緘，看來從九十年前運進來到現在，一直都遺置在角落，直到此刻才得以重見天日。大家在教授的指示下開箱，木箱內還有木盒，每個木盒都仔細綁上細繩，押上火印及封漆。我讀著箱內及木盒上的落款，從褪色的墨跡上依稀看到「伊萬里」及「有田」的字樣。

當我從木盒中將瓷盤取出時，內心湧起異樣的怦然，彷彿我手上捧的是耶穌基督受難的眞十字架聖物，抑或是走入唐太宗的陵墓，發現王羲之《蘭亭序》依舊完好如初的那般虔誠、感動。

後來，轉向文藝復興研究後，對於東方器物接觸的機會就少了許多。

我曾在不同的城市參加當地或大或小的藝術拍賣會，看過若干伊萬里燒及有田燒，有些釉彩在晶潤中透著斑斕，有些質地則很粗糙，並不是蓋上「伊萬里」或是

「有田」出廠就是品質保證。

在日本泡沫經濟時期，許多人揣著錢追捧伊萬里，將它的價格炒上了天。經濟崩潰後，這些人想拿先前買的瓷器變賣，經過鑑定，才發現全部一文不值，氣得這些苦主當場把瓷器砸個稀巴爛。其中蒙受不白之冤的也爲數不少，即使後來想方設法將它們修復，因爲品相有瑕疵，價格也只能腰斬再腰斬，這還算是高估的情況。總之，伊萬里莫名其妙的與泡沫經濟結下了不解之緣。

西方人愛好伊萬里燒及有田燒是有理由的。之前談過的一八六七年巴黎萬國博覽會，在日本會館所展出的除了薩摩燒、薩摩切子外，最受歡迎的，還有來自佐賀的伊萬里燒與有田燒。

要清楚分辨這兩種的異同並不容易，即使是受過專業訓練的鑑定師、陶藝家，也有可能弄錯，畢竟這兩個產區只相距二十分鐘車程。雖然難以辨別，對於看不懂門道的外行人來說，只要兼具「器之用」與「器之美」，就是好東西。

位於西九州自動車道不遠的大川內山，堪稱是伊萬里的窯元祕境，許多人滿心期待的來這裡尋寶，看看會不會挖到意想不到的逸品。目前的大川內山，已成了高度商業化的販售中心。伊萬里的工藝水準相當高，走一趟山腳下的「伊萬里鍋島燒會館」即可了然於胸。鍋島御庭燒、長春青磁窯都有高水準的表現，不過實在是太貴了。虎仙窯是我個人偏愛的瓷窯，充滿個性的青釉相當吸引人。至於其他窯元，對我來說就都大同小異，快速拜訪完二十三間窯元後，我迫不及待地前往下一個目的地。

就在不遠的地方，約莫也是二十分鐘的車程，就是有田町，目前是有田燒的集散中心。對應於伊萬里，這裡多了份人味，少了點銅臭。

根據文字記載，在一五九二年至九五年間的中日韓三國混戰，大量朝鮮陶工被「移居」到九州北部與本州南部，陶工們為了生計，著手於當地的陶土開發。薩摩燒的沈當吉（鹿兒島縣）、高田燒的金尊楷（熊本縣）、高取燒的八藏重貞（福岡縣），以及萩燒的李敬（山口縣），都是日本陶瓷的開拓者，大抵上都是韓國人。

到底由是誰先開始的呢？眾說紛紜，不過學界一致傾向是由一六一六年來自韓國忠清道金江的李參平，利用有田町的泉山陶石所燒製的白瓷，是日本第一批正式燒製的瓷器。李參平也因此被奉為「陶祖」，在有田町東南側坡地上還有供奉李參平的陶山神社。

今天，陶祖李參平窯仍在大街上占有一席之地，目前的窯主十四代目金江三兵

唐津祭典

衛仍積極復原十七世紀的青白瓷。

號稱三百年歷史的香蘭社也值得走一趟。十八到二十世紀初，大量出口到西歐及伊斯蘭世界的，就是香蘭社量產的套裝茶具。從二樓的陳列室開始是不錯的選擇，我在維也納熊布朗宮就看過幾套一模一樣的咖啡組。目前，香蘭社也是皇室愛用的瓷器品牌之一。

陰翳的傳統之美——洋洋閣

九州眞正讓我流連難捨的，還是洋洋閣的大河內先生。

對於第一次造訪唐津的朋友，對於此地的印象往往只停留在「一樂二荻三唐津」的「唐津燒」，多了解一些的人，也許還知道唐津神社的秋季例大祭——唐津祭（唐津くんち），從赤獅子、浦島太郎、古代名將的頭盔（兜）、飛龍到寶船，總共有十四座巨型山車。我可以大膽的說，唐津祭的曳山是全日本最可愛的藝閣。無緣參加祭典的旅行，平時可以前往「曳山展示場」端詳這些討喜的手工藝。

不過，我們之所以知道洋洋閣，是因爲館內特別設置了兩間「隆太窯」的藝廊。隆太窯的主持目前爲陶藝家中里隆。中里家是唐津燒第一名家，中里隆的父親

洋洋閣内的藝廊

隆太窯陶器

隆太窯陶花守

中里無庵，是第十二代中里太郎右衛門，而長兄中里逢庵則是第十三代。身為國際知名的陶藝家，中里隆選擇走自己的路，他的作品不但保有唐津燒的質樸素雅，更為陶器注入細膩的手感。

我喜歡中里隆的陶碗，想像在寒夜中溫著燗酒，不禁讓我想起樂山在〈問劉十九〉中「綠螘新醅酒，紅泥小火爐。晚來天欲雪，能飲一杯無?」的文人雅趣。

中里隆曾說：「美食強健人的體魄，美器則給予人心靈的力量。」洋洋閣備上的珍貴餐具，即大膽使用中里隆與其子中里太龜的陶藝作品。淡淨清寂的唐津燒盛著簡約而豐腴的料理，每個人都以不同層次的感動，品嘗著來自玄界灘大海的恩賜。

另一間「花子之間」，展示的陶藝作器則充滿纖細柔軟的女性特色，全都出自於中里隆的女兒中里花子之手。也因為這兩大名窯的展示間，你會看到許多慕名而至的旅人登門拜訪。

與我分享洋洋閣、唐津燒與日本美學的，是現年已經八十歲的大河內先生。

大河內明彥是一位雍容有禮的老士紳，活像是從夏目漱石小說走出來的角色那樣興味盎然。我和大河內先生在書齋聊天。從日本酒、茶道、陶瓷器到昭和年代，大河內先生總是從容優雅地侃侃而談。

讓我意外的是，在漫長的歲月中，洋洋閣歷經種種打擊，祝融、水災、蟲蛀、經濟蕭條……，好多次明彥先生的父親動心起念，想把旅館賣了，換成股票或現金比較實在。不過明彥先生還是說服了父親，將旅館交給他經營，後續如何，看看營運成果再做定奪。就這樣，五十年又過去了，洋洋閣依舊屹立在

洋洋閣主人大河內明彥

玄界灘。

將近二十年前，一場颱風讓洋洋閣改頭換面。因爲屋況老舊，在抵禦暴風的過程中蒙受重大損失，當時大家都認爲沒救了。不過大河內先生仍請教建築師柿沼守利設計重建，終於在平成十三年，洋洋閣重新投入市場營運。

洋洋閣具有某種獨特的大和之美，到底是什麼呢？谷崎潤一郎在《陰翳禮讚》

洋洋閣

中，感歎現代人遺忘了傳統之美。這種傳統美，來自於「陰翳」，黑暗創造含蓄且具無比想像空間的美，也是東方美學的精髓。谷崎潤一郎從多重視角度探討「陰翳」的重要性。

他認爲日本、中國等東方文化的顏色基調都偏暗，從建築、家具到生活用品比較多深棕、暗紅，傳統建築窗口也很小，使得建築內部空間幽暗。室內總是陰暗，很不明亮，卻在陰暗中創造了美。幽黯中透出的光線，延伸人的思緒與想像；日本料理善於用使用深色器皿，用來呈現明暗對比的美學感受，也讓人更有食欲。

當我與大河內先生討論谷崎潤一郎與市川崑對《細雪》的看法時，我想到晚餐有一道料理是用伊萬里燒盛上，大河內先生激動的表示不可能。不過後來請女將來求證屬實後，老先生他竟然端坐正色，向我道歉，並且表示「這種事」不會再發生。從這種小細節，就可以了解維繫「傳統」與「美」，需要多麼強大的堅持與意志。

洋洋閣的每個細節，都讓旅人體會到消逝的陰翳之美。即使是日正當中，室內仍像被降低了亮度與彩度般，當然，每個角落都有大面積的採光，不過這並不代表屋內是「陰暗」的，相反的，每個物品都曖曖地透出內斂的光彩，予人漂浮在眞實

大阪城天守閣黃金茶室（復原）

與虛幻之間的神祕感受。

我想到大阪城天守閣內瑰麗奇特的黃金茶室。因爲陰翳，金色才顯得動人。至於豐臣秀吉那種悍婦罵街、唯我獨尊的霸道之美，現在想想，實在是太膚淺了。

九州——日本近代化的基礎

很多台灣人到日本自駕旅遊的第一個地點，就是九州。這裡的路線簡單，沒有太多山路，停車又方便（除了福岡市區外），本書推薦的五條自駕遊行程，難度最低的就是九州這條路線。

鹿兒島位於九州的最南方，這裡的風景和台灣有點像，道路兩旁的椰子樹，配上燦爛的陽光與海景，讓人有種身在南洋的錯覺。鹿兒島著名的美食除了黑毛豬、薩摩地雞、黑毛和牛，還有拉麵和芒果，一定要試試！

磯工藝館

對歷史控來說，仙巖園和尚古集成館是必訪之處。這一區見證了日本近代化的基礎，以登錄世界遺產為經營目標。但我期待的其實是隔壁的磯工藝館。

因為愛喝清酒，在東京旅行時發現一種特別的杯子，它可以讓口感一般的清酒，變成順口的佳釀，那就是「江戶切子」。「切子」是雕有花紋的玻璃。看過薩摩切子後，我就一直無法忘懷那獨一無二的精細花樣與夢幻般的色彩。

磯工藝館內有展示販售種類衆多的薩摩切子，每一件物品都是獨一無二。因為薩摩切子是以純手工刻畫出精細的圖樣，即便顏色花紋相同，仔細一看，都還是看得出有些微差異。

十九世紀，由於西歐與日本要求開國通商，當時薩摩藩（現在的鹿兒島）第十一代藩主島津齊彬為了使日本成為更強大富有的國家，便開發薩摩切子做為貿易商品。

薩摩切子是在透明度極高的水晶玻璃鋪上厚厚一層（一至三毫米）有色玻璃，再刻出各種精緻的花樣。為了製造出渲染的效果，會在特定的位置塗上厚達二至三毫米的有色玻璃，創造出分明的層次。在光線映照下，切割的圖案呈現出如同萬花筒般的幾何圖形，隨著光線流轉而姿態萬千。

指宿溫泉・白水館

指宿溫泉盛名遠播，是南九州最大的溫泉鄉，也是日本唯一的天然沙浴溫泉。

這一帶的地底硫磺泉把海邊沙灘加熱，形成了天然高溫沙土。穿著浴衣躺在硫磺溫

薩摩切子

一九八五年後，民間有計劃的復興傳統工藝。這種被稱為「薩摩切子」的玻璃製品，曾經與肌理白皙的薩摩燒，在西歐蔚然成風。受歡迎的程度比起今天的熊本熊（くまモン）與船梨精（ふなっしー）有過之而無不及。

薩摩切子自古以紅色、藍色、綠色、黃色和金紅色為主，二〇〇五年加入了新研發的「島津紫」，也非常受歡迎。

在磯工藝館旁的仙巖園內，另有一家薩摩切子賣店，展示的切子都像是藝術品，即使不購買，也很建議入內參觀，就當是無料（免費）的展覽吧！

磯工藝館展示

磯工藝館

薩摩切子

泉加熱的沙堆中，就像泡天然三溫暖。

指宿以溫泉聞名，下榻在白水館的優點是：

一，在館內就設有沙浴溫泉，不用到戶外去，對女性來說真的十分方便。館內的說明簡介寫著：對於神經痛、風溼痛、腰痛、關節痛、胃腸病、便祕、肥胖、全身美容等有效。（也太神奇了吧！）

換上浴衣走進沙浴館，可看到地上一個一個的坑，服務人員會請你自己選一個。接著，旁邊的工作人員剷沙將整個身體埋住（頸部以下），一般約十五分鐘就可以起來了。正前方有時鐘，要泡幾分鐘可自行決定。

沙浴與一般泡湯感覺不同，因為在沙子的重量覆蓋下，身體血液循環的速度會加快，皮膚較敏感的人，浴衣最好將身體完全包覆，不要直接接觸熱沙。

二，住宿白水館，除了可以體驗沙浴溫泉之外，另外有一幢很特別的建築物，那就是薩摩傳承館。這幢建築是仿京都宇治的平等院，展品的質與量都讓人大感驚喜。

薩摩傳承館以白水館的創始人與兩代會長的收藏品為主，展示薩摩地區的相關歷史文物。這裡除了可看到自古日本貴族使用的珍貴白薩摩瓷器，還展示了來自中

薩摩傳承館

館内展示（白薩摩燒）

國的汝窯。

人吉・清流山水花旅館

前往熊本的路上，我們選擇住在人吉。這裡自古是熊本、宮崎、鹿兒島之間的交通要衝，「人吉」之名即源於來往的人們須在此地住宿。近代隨著快速道路和新幹線通車，人們不再需要停留於此，人吉也逐漸沒落。但人吉、球磨盛產的燒酎非常好喝，美食也非常豐富。

我們住宿當地有名的清流山水花旅館，旅館緊臨著球磨川，景色十分美麗。夏天的球磨川是

炸鰻魚骨

鰻魚定食

百年鰻魚料理專門店

著名的泛舟勝地，吸引很多日本國內的觀光客前來。附近有家百年的鰻魚專門店，蒲燒鰻定食與炸鰻魚骨絕對不能錯過！

旅館附設的賣店，販售許多球磨與人吉的限定燒酎。夜晚的人吉無處可去，我們索性待在旅館的休憩區，除了有看不完的日本深度旅遊雜誌，還有免費的燒酎讓人隨意取用。

往阿蘇火山的路上，我一直期待看見憧憬的草千里浜與米塚。但因為是冬季，完全看不到著名的綠色大草原，只有一片迷霧與枯草，彷彿是電影《魔戒》中半獸人的要塞。我們失望的離開，繼續往佐賀前進。

米塚

祕窯之里

說到佐賀，最讓我期待的就是唐津燒與呼子烏賊！

走一趟大川内山的窯元，就能理解，伊萬里燒的主要特色是精緻的描繪花樣。如果不想花時間一一走訪窯元，又想快速了解大川内山各個窯元的特色，建議先到停車場旁邊的伊萬里鍋島燒會館逛逛，裡面展示販售各窯的代表性商品。

「伊萬里」這個名字得名於伊萬里港，生產、製造後於伊萬里港裝運出貨到世界各地，並廣受歐洲貴族喜愛。但伊萬里創生的過程是個悲傷的故事。創造出這項工藝技術的是一群從朝鮮來到日本的陶瓷工匠，為了避免珍貴的窯燒技術外傳，所有的朝鮮陶匠在嚴密的監控下，再也無法走出大川内山，最後客死異鄉。因此大川内山又稱為祕窯之里。

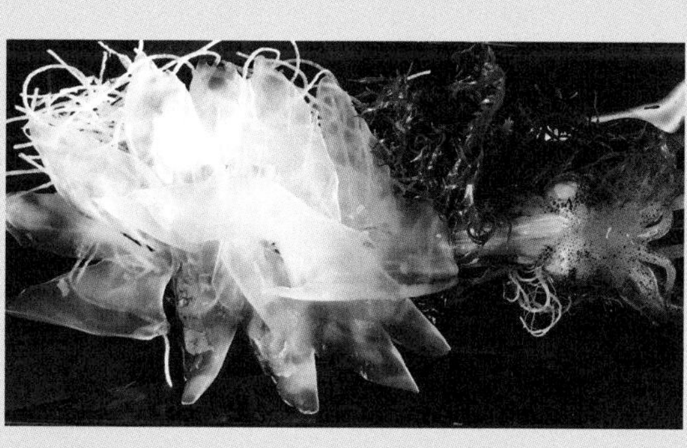
呼子烏賊

離開伊萬里後，我們到達有田，這裡與伊萬里的風景截然不同，兩旁賣陶器的

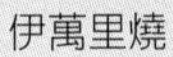

伊萬里燒

祕窯之里

唐津燒

日本三大茶碗依序是樂燒、萩燒和唐津燒。唐津燒是以唐津市為主要生產地的陶器。早期也是由朝鮮陶工傳入製陶技術，代表作品以茶器為主。因為受朝鮮陶器的影響，唐津燒帶有田園質樸的風格與手感。

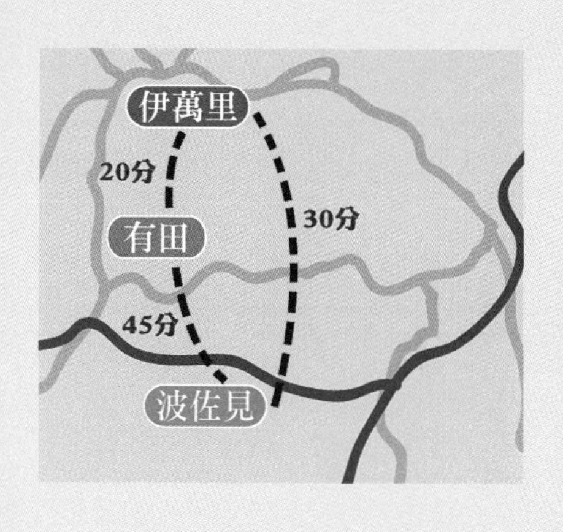

皿山街道

店家幾乎都是古老的建築物。就算對有田燒沒興趣，在洋溢著日式懷舊風情的街道散散步也很棒。皿山街道上有江戶、明治、大正、昭和各個時代留下來的建築物，這一區也被日本選為重要傳統建築物保存區。

波佐見．日本文青勝地

很多人來到佐賀，一定會到訪有田、伊萬里，兩地只隔二十分鐘車程。其實只要再多開一小段路，就可以去看看波佐見這個好地方。雖然波佐見位於長崎縣，不在佐賀，但從伊萬里開車到波佐見只需三十分鐘。

波佐見是日本文青的新興勝地，許多受歡迎的日本食器品牌都來自波佐見。陶藝家在此創立自己的品牌，聯手把波佐見打造成今天的文創天堂。只可惜，這裡的陶坊位置大都很分散，開車會比較方便。

波佐見陶瓷器被日本人稱為「日常使用的器皿」，

所有的設計都以生活中方便使用為宗旨，與時代也沒有背離感。除了簡潔的設計深受日本人喜愛，其本身質感也是上乘。在日本百貨公司陳列的食器產品，絕大部分都來自這裡，購買的價格也會比百貨公司便宜許多。

這裡有幾家由老舊廢棄窯燒工廠改成的展覽場地、咖啡廳、陶瓷器賣店，週末的下午，隨處可見日本年輕人到這裡來約會、拍照。看過伊萬里與有田燒之後，波佐見的陶瓷器反倒更讓我更流連忘返。

在波佐見中尾山的陶藝之里，除了可以看見美麗的田園風光，這裡也有許多陶藝坊可逛。「陶房 青」是此地很受歡迎的陶坊之一，百看不厭的可愛設計，時常吸引許多粉絲不遠千里而來。

如果開車前來波佐見，別忘了到處晃晃，相信這裡會有驚喜等你發現。

洋洋閣——美食與器皿的對話

洋洋閣絕對是我在日本居住和式旅館最難忘的經驗。

很少選擇沒有附帶溫泉的日式旅館，但因為考量到第二天要前往唐津、伊萬里，所以選擇住宿在此。但在此住宿的美好體驗，竟讓我不禁竊喜，自己是如此的幸運！

洋洋閣這家旅館共有三個藝廊，其中兩間收藏展示著名的隆太窯——唐津燒名家中里隆的陶瓷器，其中一間藝廊的瓷磚地板，也是中里隆設計製作。許多洋洋閣的訪客，都是特意前來藝廊參觀唐津燒的。

從旅館的花器到晚餐所使用的食器，幾乎都是使用中里隆製作的唐津燒。每一件都值得細細觀賞。而這家旅館從花藝師到主廚，手藝都令人十分佩服，晚餐更是

波佐見陶瓷小店

白山陶器　在日本的大型百貨公司隨處可見，經常得到日本 Good Design 獎肯定。來到波佐見，一定不能錯過的就是白山陶器。不管是醬油瓶還是茶碗等各式器皿，都可以找到適合自己的，門口還附有專屬停車場。

松原工房　兩位女性陶藝作家所設計的商品，深受日本年輕女性喜愛。粉嫩的色系與簡單的圖案，每一件都讓人愛不釋手。

HANA　由製陶所改裝而成的下午茶店，也販賣生活雜貨。

南創庫　陳列的商品不論設計或質感都是獨一無二的，如果喜歡在東京逛南青山與自由之丘的生活雜貨店，在南創庫絕對可以找到你鍾愛的商品。

Monné Porte　喜愛文具商品的人不能錯過的好店。

南創庫

Monné Porte

HANA

讓人無比驚喜。

旅館內的房間擺設與庭院設計，營造出獨特的氛圍，讓人流連駐足，不忍離去。在閱覽室裡，聽聞隔壁的旅客聊天，他們幾乎每年都會前來入住。

手寫

庭園設計

擺設

餐點

建議行程

第 1 天
台北～鹿兒島，夜宿指宿溫泉、白水館

第 2 天
知覽～開聞岳，夜宿人吉、清流山水花

第 3 天
阿蘇火山，夜宿熊本市

第 4 天
佐賀～呼子、唐津，夜宿唐津、洋洋閣

第 5 天
伊萬里、波佐見，夜宿福岡

4

丹後半島——文化景觀的原點

間人·伊根·天橋立

「這裡有鬼。」

「這裡有鬼?!」

「不過差不多是一千年前的事了。」

「你很無聊吔，幹麼要這樣嚇人家啦！」

我翻開手上的書，指著其中一頁：「吶！就是這個！」

「這哪會恐怖?很可愛啊！」

平安時代的魔鬼剋星

平安時代正曆年間（九九〇~九九五），京都內傳出離奇事件，許多少男少女失蹤，搞得都城人心惶惶，皇室公卿都莫可奈何。幾個月後，就連權傾朝野的攝政太政大臣藤原道長女兒也失蹤。這下可鬧大了！不過即使明查暗訪，布下天羅地網，也查不出個所以然。計無可施的一條天皇，請陰陽師安倍晴明想想辦法。晴明占卜過後，斬釘截鐵的告訴天皇：「山裡面有鬼，不見的小朋友都是被鬼抓走的。」

這隻妖怪叫酒吞童子，根據鳥山石燕《今昔畫圖續百鬼》的說明，酒吞童子住在丹後，手下有熊童子、虎熊童子、星熊童子、金熊童子等四大護法，同時也是百鬼統領，與玉藻前（白面金毛九尾狐）及崇德天皇的怨靈合稱爲平安時代的三大惡鬼。

在打鬼還不能外包的年代，什麼事還是自己動手比較實在。貴族公卿們花了好一段時間討論誰是那個倒楣鬼，最後決定推派源賴光做爲代表，陪同詩人藤原保昌（他後來娶了和泉式部日記的作者和泉式部），與家臣渡邊綱、坂田金時（他就是小時候跟熊玩相撲的金太郎）、碓井貞光與卜部季武等一行五人組成特遣隊，前往丹波國的大江山打鬼。旅途中奇遇不斷，碰到了許多老先生、老太太、老和尚與小和尚，其實都是山神變來的，目的是幫助源賴光搞清楚狀況，並送給一行人隱形蓑笠、神兵利器等神奇寶物協助打怪。

在各國妖魔鬼怪的故事中，妖怪有幾件事是一定要做的：除了抓小女生外，最重要的是天天喝酒開趴。史詩《奧德賽》裡的獨眼巨人，就是因爲喝醉酒才讓尤里西斯刺瞎他；格林童話《傑克與豌豆》的巨人，也是因爲酩酊困頓後，傑克才有機會逃跑。當然，大江山的酒呑童子也不例外，源賴光來的時候，這麼巧，妖怪都喝醉了。

接下來的故事，大概用頭皮想也想得出來。源賴光四天王與惡鬼一陣激戰（不知道詩人是來做什麼的？），最後終於砍下酒呑童子的頭，將山寨搜刮一空後（當然也救出被抓的小朋友們），將戰利品放在牛車上，浩浩蕩蕩的凱旋歸國，完成了一次不可能的任務。

後來這支平安時代的魔鬼剋星實在是太受歡迎，又接拍了許多續集，以團體或單飛的方式，解決諸多疑難雜症：在京都洛中一條戻橋與茨木童子大戰、在京南的羅生門殺鬼、在碓冰埡口斬殺蛇妖、對抗奈良山裡恐怖的土蜘蛛、專門吃觀光客的山姥，以及能施咒隔空殺人的瀧夜叉姬……這些英勇事跡，分別被收錄在《今昔物語集》、《宇治拾遺物語》與《御伽草子》等志怪小說中。

《大江山繪卷》

〈土蜘蛛草紙〉

「大江山鬼退治」的傳奇，後來也衍生其他的故事形式：能、謠曲、雅樂、淨琉璃、歌舞伎、電影、寶塚歌劇、卡通、漫畫與遊戲。我手上的書，是十四世紀初相當受歡迎的《大江山繪詞》復刻版。室町時代的繪卷工筆風雅細致，帶著些許童稚天真的浪漫氣息，畫家以最簡單的筆觸，將酒吞童子爛醉如泥的醜態、被眾將官壓倒在地的驚慌，以及源賴光隊伍不可一世的志得意滿情境，細細勾勒。

我喜歡繪卷說故事的方式，隨著畫卷的舒展，每回都有娓娓道來的微妙感動。即使是我不甚喜愛的《酒傳童子繪卷》，雖然狩野元信過度修飾的筆調及用色，破壞了故事欲語還休的美感，但仍是一幅有意思的作品。

奈良時代（七一〇~七九四）所完成的《繪因果經》，是日本古典繪卷的濫觴。當時所有的繪卷都是「唐繪」（からえ），具有濃厚的大陸

色彩。平安時代朝廷結束遣唐使的交流後，本土意識抬頭，由貴族公卿所引領的「國風文化」（こくふうぶんか）一時蔚然，繪卷表現逐漸轉變成「大和繪」（やまとえ）。《源氏物語繪卷》、《信貴山緣起》、《伴大納言繪卷》與《鳥獸人物戲畫》，並列爲平安時代的四大繪卷。

我個人最喜愛的，是熱鬧有趣的《鳥獸人物戲畫》。

暗諷僧團特權跋扈囂張的《人物鳥獸戲畫》，以詼諧幽默的筆勢將動物舉手投足擬人化，反映出市井與公卿平凡的日常：戲水、射箭、法事、吵架爭執，每個動作都活靈活現，每筆描摹也唯妙唯肖。充滿動能與速度感的構圖，緊湊卻不密集。我喜歡搞小動作的青蛙、假正經的狐狸、過動兒般的兔子與猴子，每個都喜感十足，戲感連連。

從京都縱貫自動車道看去，遠方的大江山，似乎也染上幾許繪卷的詭譎與浪漫。

日本山水畫始祖

一五〇〇年，四十八歲的達文西離開米蘭回到佛羅倫斯，留下剛完成

《酒吞童子繪卷》

《鳥獸人物戲畫》甲卷，部分放大

《鳥獸人物戲畫》甲卷，追逐小偷猴子的兔子和青蛙

不久的《最後晚餐》讓世人驚豔；二十五歲的米開朗基羅，也在羅馬完成《聖殤》後返抵托斯卡尼，準備接下共和國的新委託案，內容是一尊前所未有的大理石像；十七歲的拉斐爾剛從老師佩魯吉諾門下結業，至於未來要去哪裡？做什麼？還沒有下定決心。這年，「明」（Ming）才一歲。「明」是一隻長約九公分的北極蛤，出生於中國明朝弘治十二年，所以學者暱稱牠為「明」，這隻神奇的北極蛤二〇〇六年在冰島海底被捕獲前，總共活了五百零七歲，是目前地球上已知最長壽的動物。

日本的室町幕府則是明應九年，將軍足利義澄無力處理日益紛亂的局世，生靈塗炭的戰國亂世已進入初始階段。

這一年冬天，有一位年逾八十的老先生，在丹後半島的宮津灣畔踽踽獨行。他可能在弟子的陪同下，在野地裡將畫紙攤開，備好墨筆後，細細地描摹對岸的一草一木；也可能老先生就像我現在一樣，無所用心的坐在這裡，慢慢享受這雪霽天晴的片刻清幽，晚上掛單寺院時，在昏黃搖曳的燭火之下，胸有丘壑地畫下日間的所聞

京都縱貫自動車道遠眺大江山

所見。

這幅作品也是以繪卷的形式創作，是山水繪卷的一種；夏珪的《長江萬里圖》就是山水畫卷經典範例。老先生以「架空」的視點，強勁的墨線刻畫遠景，卻用淡墨謄摹近物，造成了某種錯視；錯以為我們是全能的天神，以全知的觀點鳥瞰海灣，畫家運用實際觀察與想像，建構出完整且具有縱深的視野。特別的是，畫面的中心點，是空無一物的海灣狹道，這樣的構圖即使在現代也顯得與眾不同。狹道的右側，是綿長潔白的沙洲，蒼勁的古松在白沙上顯得挺拔。

畫卷右方險峭的山勢直削而下，依山而建的寺院、苦寒枯凍的喬木，還有蒸騰虛渺的霧靄，天地不仁的嚴峻以淋漓盡致的方式呈示。而左方水道伸入的峽灣，彷彿是另一個季節般，秋意未銷的林梢，有微微的霜色，稀疏的樹葉隱現了匿而不宣的生機與人情味。

目前收藏在國立京都博物館的〈天橋立圖〉，是日本山水畫的始祖，也被認定為藝術國寶。畫家雪舟出生於備中赤濱（岡山縣），十歲時進入京都相國寺出家，跟著春林周藤修禪，也和畫僧天章周文學習。室町時代的山水畫有一定的格式，以縱長的構圖來強調高遠，最主要就是模仿中國的畫家馬遠與夏珪等人，以強而有力的線條對角線構圖。後世稱這種風格叫「周文樣式」，畫家並沒有走出戶外，只是憑記憶或是看過的山水畫來創作。室町時代的山水畫沒有畫過日本列島的風景，和中國山水的傳統比較，讓人有南橘北枳的感歎。

畢竟，中國山水畫的美崇高，是藝術史上的完美典型。

或是很多人會想，中國的山水畫，只是黑白的墨色暈染，並沒有太大感動。實際上，當我們將提香、普桑、康斯坦伯或是莫內的畫作抽去色彩，情感濃度驟減，像是失去靈魂的洋娃娃一樣可悲；國畫如果使用黑白沖印，或許會稍稍褪減其中力度，但莊嚴恢宏的神采依舊迷人。

中國五代後梁畫家荊浩所創作的〈匡廬圖〉，就是這樣一幅肅穆剛健的作品。

中國山水畫會使用深淺濃淡的墨色，以不同的筆觸皴擦峰巒的塊面，呈現山巖的質感與畫家對自然的感受，藝術史家稱之爲「皴法」。而在構圖佈局上有所謂的三遠：平遠、深遠、高遠。如果我們看直視海平面，從現場延伸到不可及的遠方，這就是「平遠」；「遠上寒山石徑斜，白雲深處有人家」的躑躅盤桓，就是「深遠」；而仰之彌高，鑽之彌堅的感慨，則是「高遠」。

了解這些之後，我們再回頭欣賞〈匡廬圖〉，感受就更深了。

在荊浩的山水世界裡，廬山的遠峰端正挺拔，畫家用乾澀粗礪的筆鋒〈稱之爲「雨點

〈天橋立圖〉

皴」）堆疊出堅韌的肌理，嶙峋的山壁讓人望而生畏，但卻用濃墨蘸潤了峰頂，帶來些許春意。中景的山巒雄健疏朗，荊浩用短筆劈斫刻劃（這是「斧劈皴」），雖然厚重但絕不沉悶，而近景疏緩靜謐，是因爲畫家用淡墨勾擢，鋪陳出淡泊可以明志的胸懷。〈匡廬圖〉大器雄渾，卻隱含著天尊地卑的謙遜，透過畫家對自然磅礡偉大的仰慕，帶我們從卑微瑣碎的窘狹現實中超脫。

中國的山水畫從五代自成一格，在北宋完備，范寬的〈谿山行旅圖〉可說是藝術典型的完成，之前以後，再也沒有任何水墨山水能攀登〈谿山行旅圖〉的美學高峰。色彩綺麗的〈明皇幸蜀圖〉，缺少深度與厚度；四面斬絕、不通人跡的〈關山行旅〉是無聲無息的標本箱；李成的〈晴巒蕭寺圖〉奧遠優雅，但都缺乏〈匡廬圖〉與〈谿山行旅圖〉的神聖莊嚴。

這種崇高凜冽的理想之美早已遠去，中日韓三地，許多畫家竭心盡力，但再也達不到范寬與荊浩的偉大境界。

東方的水墨山水，從崇高進入到可居可遊的浪漫空間。

從黃公望的抒發浪漫懷想的〈富春山居〉、王蒙的〈東山草堂圖〉，到倪瓚的〈容膝齋圖〉與吳鎮的〈雙松圖〉，我們都可以發現寫意山水在情感抉擇與個人特質表現中徘徊。

回顧唐末到元代的山水畫發展，我們可以發現隨著時代不同，美學上的追求也在改變。晚唐五代寫實主義的賞心悅目，進入北宋探索神祕與崇高的自然感受；然後是南宋元朝沉寂反省，進入到黃公望追求純粹「美」的內在感受。

雪舟的繪畫老師天章周文，正是接續中國水墨演進傳統的末流。當然，老師的識見也侷限了學生的視野。

所幸，雪舟是個有想法的畫家，不滿老是受限於第二手、第三手資訊，而難有突破。終於，一四六八年暮春初夏，也就是畫家四十八歲的時候，雪舟隨著遣明船前往中國，從寧波上岸，開始為期兩年的「修學旅行」。後來還透過人情關說與介紹引薦，拜明初名家李在門下學習「真正的」水墨山水。這兩年時間，除了臨摹李唐、郭熙、李在、戴進與夏珪的畫作外，雪舟也在江南一帶遊歷，增廣見聞。在旅行過程中，雪舟也在中國留下一些作品，今天，江南的博物館還可以欣賞他的作品。

兩年後，雪舟返回日本，透過旅行與寫生，陸陸續續發表了一些作品，建立了名聲，也受到武家貴族的重視。被列為日本國寶的〈秋冬山水圖〉、〈四季山水圖卷〉、〈破墨山水圖〉都可以看到雪舟寫實緻密的江南畫風。

荒里廢墟中誕生的新思潮

從流水年華探索藝術，是一件有趣的事。

無論中國或是日本，山水畫是以水墨線條爲基礎，來表現一切物象的輪廓、

〈匡廬圖〉

明暗、質感，而且還用水墨線條來揭示物象的內在精神和畫家的思想感情。水墨線條的「形式美」，要求畫家的線條既蒼勁又腴潤（要枯而能潤），其次要達到既不柔弱又不剛愎的完美境界（剛柔相濟），最後還要完成內與形式的統一（有質有韻）。所以畫家爲了掌握運筆的方法技巧，一定要學書法，眞、篆、行、草都練過一點，才能掌握「筆意」。而學書法也和個性有關，到最後，每個人能掌握與熟練的水墨線條不盡相同，因此山水畫表現出來也不一樣。依據書法風格與意象，日本山水畫也有「楷」、「行」、「草」的分別。

所謂的「楷」就是楷書，一筆一畫的琢磨，小心審愼且巨細靡遺的將山石的肌理、湖面的漣漪、漁翁的簑笠細節勾勒出來，畫風工整端正。再來「行」就是行書，運筆流暢俐落，畫風也比較自由瀟灑；不過也因如此，細節顯得簡單率性。最後的「草」當然就是草書，這種畫風更誇張縱肆，跌宕錯落，稍微任性的畫家，就用兩三滴墨點代表漁火，三四畫枯筆就描出遠山近江，這類山水畫就是從寫實進入寫意的抽象描繪。

在日本，寫意的潑墨山水只流行過一段不算長時間，最主要還集中在室町時代中期到江戶時代初期（十五世紀中葉到十七世紀上半），其他時代的山水畫大部分仍以「楷」及「行」爲主。室町時代中期之前，則完全沒有「草」的存在，一四七〇年後，代表神祕、深邃、幽遠、侘寂的藝術形式如雨後春筍般出現，換句話說，背後有看不見的手在推動一切。雪舟所代表的幽玄與寫意，之所以受到重視，其實和這隻看不見的手——「東山文化」有密切關聯。

〈秋冬山水圖・秋景〉

中世紀即將結束的室町時代（一三三六～一五七三），政治、經濟、社會局勢都不甚穩定。即使有優雅、唯美的貴族文化，但只是足利幕府自鳴得意的揮霍，挽回不了旁落式微的政權。一四七六年，應仁之亂爆發，長達十一年的動亂摧毀京都，六百年的繁華付之一炬。公卿貴族逃到鄉野丹後，將軍則躲在銀閣寺不問世事，任由都城荒蕪，最後十室九空，京都淪爲死城。

應仁之亂到底給京都怎樣的傷害？《千年繁華》的作者壽岳章子有個小故事可以說明。

某一天，一位出身貴族的老太太和章子話家常，結果聊到了古美術。

老太太說：「我們家以前也有很棒的古董，不過戰爭的時候全燒掉了……」

章子大驚失色的問：「第二次世界大戰時，京都不是沒遭到轟炸嗎？」

老太太白了一眼後說：「誰跟你講太平洋戰爭啊？我在跟你說應仁之亂啦！」

看來，老太太還是對五百年前的戰火憤懣不平。

今天的京都，是在應仁之亂後重建，因此雖然號稱「千年」，六百年之前的建築卻幾乎沒有。即使是貴爲將軍的足利義政，也只能躲在銀閣寺哀聲嘆氣。

象徵富饒的貴族文化已死，在空無一物的大地上，新思潮在荒里廢墟中誕生。

現代日本文化的根基

我們再把時間往後推，來到第二次世界大戰剛結束的歐洲。年輕一代的知識份子，在廢墟中成長，在目睹了大規模死亡與無意義的破壞後，對世界充滿了失望與懷疑。憂鬱、苦悶、焦慮的悲觀情緒主宰了他們的內心，因此，存在主義式的「虛無」成爲電影、文學、音樂與繪畫的主題。

同樣的，應仁之亂後的京都，一切又回到原點，從天皇到百姓，都過著一貧如洗的生活，佛家的「空」與「無」也從王謝堂前，飛入尋常百姓的家中。形而上的「虛」，落實成爲生活中揮之不去的夢魘。

雪舟在應仁之亂那年渡華留學，兩年後回到日本。崇尚寫實與唯美的「楷」與「行」沒落，符合戰後社會現實的蕭瑟清冷的「草」逐漸進入主流。東山文化流行的時間約莫從一四七六年到一五一〇年左右，這一世代的變革卻留下深遠影響。

茶人村田珠光開創了以「侘寂」爲核心的茶道。龍安寺方丈庭園、大德寺大仙院庭院的枯山水也在這個時期完成。京都六角堂的僧侶池坊專慶，確立了「華道」中立華（りっか）、生花（せいか）與投入（なげいれ）等表現形式。出身公卿世家的三條西實隆在避難中領悟了「靜中成友」的孤零，爲「香道」立下基石。狩野正信、土佐光信兩人的繪畫，分別成爲堂皇富麗的狩野畫派與粗獷內斂的土佐畫派兩大系統，在江戶時代更發展成浮世繪、漫畫、琳派等藝術潮流。就連大家耳熟能詳的一休宗純（一休和尚），也是東山文化的代表人物。

東山文化可類比成滅絕後的寒武紀大爆發。地質學家在五億三千萬年前的寒武紀前期，發現化石瞬間大量出現的奇特現象，幾乎所有動物的「門」都在這一時期出現，生物多樣性就此誕生。反觀東山文化的創造——茶道、花道、香道、繪畫、書法、枯山水……形成了現

銀閣寺

代日本文化根基，進而影響全世界。

雪舟的感性，有很大一部分來自於國破山河在的飄零，在走過吳儂軟語、沉穩跌宕的江南山水後，最終，內心牽掛的，仍是城春草木深的故園。因此，雪舟的筆總是飽含了情感，他筆下的美，是伸手觸碰回憶，探求可望卻不可及的美，滿布著物是人非事事休的傷感。

感受時間的樸拙荒涼

〈天橋立圖〉正是雪舟日薄西山的天鵝之歌。有人說這幅畫過於寫實精細，不像是東山文化「草」的風格。有些學者推敲，可能是受到主公大內氏的要求，前來臥底測繪的形勢圖，爲日後大內氏可能的軍事衝突先做準備。但我寧可將〈天橋立圖〉視爲畫家晚年的心境寫照，畫面上的留白是雲霓，也是深雪，更是畫家周遊列國後雲淡風輕的寫意。

「都八十歲了，還要爭什麼呢？」雪舟或許心裡閃過類似的念頭。這抹留白，讓我踏上旅程，遙遙迢迢地來到天橋立。

傳說雪舟非常喜歡倪瓚，尤其是晚年的作品。

倪瓚晚年以不設色、不著人物著名。有人曾經問過倪瓚：「爲什麼不畫人呢？」畫家回答：「天地間安有人在？」什麼是「天地間無人」，可以用倪瓚自己寫過的散曲《折桂令》來回答：

「草茫茫秦漢陵闕，世代興亡，卻便似月影圓缺。山人家堆案圖書，當窗松桂，滿地薇蕨。侯門深何須刺謁？白雲自可怡悦。到如何世事難説，天地間不見一個英雄，不見一個豪傑！」

秦漢兩朝的帝侯陵墓早已埋在茫茫野草下，之後歷朝歷代的江山易主，就像月亮那樣變幻無常，司空見慣。我家堆滿了書畫，窗前栽的是松柏秋桂，野蔓爬滿了整座庭園。深似海的侯門我不想知道，何必去自討沒趣呢？輕閒的白雲也有屬於自己的快樂。如今世事依舊不堪，放眼望去，普天之下，竟見不到一個英雄豪傑。

現在，我坐在和雪舟作畫同一個所在，感受時間的樸拙荒涼。

福至心靈的神來一筆〈慧可斷臂〉

不過我個人最喜愛的，是另一幅有點奇怪的〈慧可斷臂圖〉。

根據禪宗公案以訛傳訛的故事，達摩祖師在少林寺面壁求道時，慧可前來拜訪，達摩硬是不肯，爲了表示決心，慧可自行將左臂切下，達摩深受感動（或者是嚇壞了），於是收慧可爲徒。

第一次看到雪舟的〈慧可斷臂〉，我心想，這白衣的觸感未免太厲害了吧！畫面明顯經過了歲月的洗練，達摩的白袍卻散發出溫暖體溫，一種具有厚重質量的存在感。雪舟似乎是用很急促的筆觸去勾勒達摩的白袍，粗糙的輪廓卻讓人無比安心。我不斷的被白袍及達摩淡漠的眼神所吸引，淡淡拙拙的白色塊體，好像雞蛋一樣，有某種看不見的東西在裡頭醞釀成長著。

若沒有仔細看，你不會發現慧可的手已經斷了。

〈慧可斷臂〉

畫面中的慧可，右手托著白紗，將左手腕捧在上頭，看看左手腕的後端，有一條細細的血痕，告訴我們「這隻手可沒有連在身上哦！」

達摩身上的白與慧可手上的紅，加深了畫面的神祕感受，即使雪舟在水墨山水仍然無法突破時代的關隘，但光憑一張〈慧可斷臂〉，就讓人回味無窮，留名青史！

領略天地的節奏與變幻

天橋立有所謂的「四大觀」，位於獅子崎稻荷神社的雪舟觀，相傳這裡就是雪舟畫下〈天橋立圖〉的所在。從崎頂西眺，大江山與天橋立相互托襯，秀麗可親。從遙遠的大內嶺看過來則是「一字觀」，大海與松林輝映成趣。著名的宮津灣北側傘松公園開發最早，從股下看過去的「昇龍觀」給人一種頭昏目眩，但又莫以名之的視覺衝擊。從文殊山看過去的「飛龍觀」，我個人認爲最優雅，也最具風味，《丹後風土記》記載著上古神衹伊邪那岐，就是在這裡將漂浮在汪洋上的島嶼聯成陸地。

在天橋立的許多角落，都可以看到與謝蕪村的俳句碑。與謝蕪村是江戶時代中期的俳人，俳句從深刻體驗中提煉出來，在傳統上關注與人們生活條件相關聯的環境細節。俳句傳達各種客觀畫面或感覺的沉思，而不是主觀上的判斷或分析。更簡單的說，俳句就是運用富有情感的文字來描述一種氣氛或情景的短詩。與謝蕪村與松尾芭蕉並列為江戶兩大俳聖。

同時，他也是文人畫的名家。蕪村先是在江戶學習俳諧，之後在日本各地流浪，足跡遍及東北、關東、近畿與四國。蕪村很像十九世紀末的塞尙，靠畫畫換些許填胞肚子的糧食，他的風格是柔潤的南宗文人畫，在明朝的沈周、文徵明、唐寅手上發揚光大，到了董其昌算是一個高峰，傳到日本後，受到文人的喜愛，與謝蕪村算是其中最重要的畫家。

文人畫是文人抒懷遺情的漫筆小品，可算是某種素人畫。不過如此一來，與謝蕪村就變成「素人畫大家」；這就很奇怪了，素人怎麼可以是大名家呢？

有些時候，並不是專業最好。學院出身的創作者受過嚴謹縝密的專業訓練，這自然是素人

與謝蕪村〈鳶鴉圖〉

不及的所在；不過創作者也因爲受限於「訓練」，思考及創作都容易陷入「專業」的迷思而走不出來，這就是我們常說的「匠氣」。

畢卡索曾說自己十三歲就畫得像拉斐爾一樣好了，終其一生所追求的，是擺脫專業，「想畫得像小孩子一樣！」一代宗師如是說。

但是完全依照本能衝動來作畫也不行，畢竟從構圖到用色都有基本的規則，不按規矩是走不了太遠的。

話說回來，蕪村就是這樣一個特別的存在。蕪村的畫笨拙可愛，挾著些許不經世事的天眞，不過就僅此而已。每次看他的畫，總覺得少了點什麼，不過沒辦法，因爲他是素人啊！讓蕪村的作品散發魅力的，是文學與繪畫之間的神祕關聯。東坡說王維「詩中有畫，畫中有詩」，同樣的，與謝蕪村的創作「畫中有俳，俳中有畫」。

漫步在天橋立的古松之間，偶然出現的俳句碑爲旅程帶來小小的驚奇。

「はし立や松は月日のこぼれ種」
（天橋立的松木，來自日月自然的播種）

飛龍觀

在藝術上，所有的表現形式都含有自我毀滅的因子，例如端秀的古典主義墮入空洞貧乏，浪漫主義從流行走向庸俗，即使是偉大崇高的潑墨山水，最後也淪落到鬧市擠眉弄眼。不過天橋立的景致，卻是造物者的奇蹟，超越了一切人爲與形式。古松、白沙與寧靜的海面，構成超現實的寓意畫。我喜歡天橋立沉靜、不言而喻的美感，畢竟，如果所有的「美」都能透過文字及語言表達，那就不算是眞正的「美」。

我踩在冬雪未霽的沙洲上，蹲下來，試著將白沙握在手上，想起了蕪

村在這裡寫下的：

「春雨や小磯の小貝ぬるゝほど」（春雨細細，潤澤沙灘上的小貝殼）

天橋立的美，在於帶著我們領略天地的節奏與變幻。

如夢似幻天橋立

天橋立名物

很多台灣朋友去日本，美食是行程的一大重點。「和食」很強調食材的新鮮，一定要吃當令、當地的食物。只要到了產地，隨便找一家餐廳走進去，基本上都是便宜又好吃。在這段路線中，無論是丹波地區的黑豆、天橋立的海瓜子蓋飯，還是丹後半島沿岸漁村的寒鰤，都讓人回味無窮。

天橋立的海瓜子特別肥，在海瓜子蓋飯中，可以吃到濃郁的海洋香氣，它幾乎沒有什麼調味，滿滿的都是海瓜子的鮮甜。而且物美價廉，海瓜子蓋飯套餐只要一千日幣。如果要在天橋立吃飯，海瓜子蓋飯是值得一嚐的特色名產。

以魚漿製作的竹輪也是當地名物，很大一份，也只要日幣四百元哦！

竹輪

海瓜子蓋飯定食

「天橋立」位於京都府的最北側，是一座因地形與海潮流動堆積而成的天然沙洲，「白沙綠松」是天橋立予人最強烈的視覺印象，深青色的古老松林沿著純淨細致的白沙而生，遠遠望去，一筆悠遠淡邈的松墨蜿蜒至天際。

天橋立廣闊的沙洲與「白沙綠松」的景觀曾申請提報為聯合國世界自然遺產，由於旁邊的沙灘是一處熱鬧的海水浴場，因為商業開發，導致自然地景的完整性不足，提報世界遺產的計畫也只好中止。

在《丹後國風土記》的逸文中，記載了天橋立的由來。傳說伊邪那岐（日本創世傳說的衆神之父）造了一道通往女神宮殿（真名井原）的浮橋，每天都要過橋去與女神相聚。有一天，伊邪那岐在人間睡過頭，這座浮橋就在他睡夢之時斷裂，落入人間，化成了天橋立。

天橋立的冬與夏是完全不同的景致。夏季天橋立的海水浴場，白色沙灘上十分熱鬧；而冬季的天橋立在大雪的覆蓋下，天地蒼茫，顏色都消失了，沙灘上的人潮也消失了，只剩下深深淺淺的墨色，就像是一幅3D山水畫，如夢似幻。

一般來說，天橋立有「四大觀」，即四種觀賞天橋立的經典角度：從宮津灣北側傘松公園看過去的「昇龍觀」（斜一文字觀）、宮津灣西側大內峠一字觀公園的

「一字觀」、宮津灣南側文殊山的「飛龍觀」、宮津灣東側獅子崎稻荷神社的「雪舟觀」。

第一次去天橋立，抵達時已是午後，我們把車停在知恩寺旁的停車場。知恩寺是天橋立南端的起點，寺中庭園的松樹上綁滿了許多籤紙，傳說如果抽到不好的

為何要開車前往

天橋立為日本三大名景之一，但前往天橋立的大衆交通運輸非常不便，需轉乘進出天橋立的宮津線或宮福線，班次少且相當耗時，從京都過去，單程就要三小時左右，開車的話可以將時間減少至兩個小時內。而且搭乘電車過去，出站後只能靠雙腿或租腳踏車在附近逛逛，能夠探索的區域有限，即便搭乘巴士，由於班次極少，也有諸多受限。開車可以沿途欣賞壯麗景色，適合拍照的地點都設有停車處，可盡情的停留拍照。

美山

從京都開往天橋立，途中會經過一個如同仙境般美麗的地方──美山町。這裡也有合掌造的民居，雖然規模不像白川鄉的合掌村（世界文化遺產之一）那麼巨大壯觀，但隱於深山的美山村落，一直深受日本文人雅士的喜愛。

籤，把籤紙綁在旁邊的樹上，就可以避開厄運。繫著滿滿籤紙的松樹彷彿戴滿了惡作劇的頭花，那景象真是有趣極了！

天橋立散策

騎腳踏車穿越天橋立是一段非常棒的體驗。日本人對遊程的設計實在很貼心，你可以在南端的知恩寺停好車，到小天橋（迴旋橋）附近租腳踏車，一路騎到北端的傘松公園山下，搭纜車上山頂觀賞「昇龍觀」。下山後去碼頭附近還車乘船，憑券可回迴旋橋，既不用擔心腳踏車，又能一次體驗到三種交通工具。

在天橋立周邊，沿途會看到一種很有趣的設施。在向著海洋的路邊，設有一個個「智惠之輪」，用來放置蠟燭，指引海上的漁船。

南端文殊山上的是「飛龍觀」展望台。顧名思義，就是指天橋立沙洲的姿態猶如青龍般飛舞。站在「飛龍觀」的角度背對海洋，彎腰從兩腿之間看過去（所謂的「股觀」），在顛倒的天地間，這片沙洲就像是一座蜿蜒連接天上的橋，所以被稱為「天橋」。

「雪舟觀」得名自十五世紀時的日本山水畫家雪舟。他在這個角度繪製的〈天

雪舟觀

日本三景碑

知恩寺的松樹

乘船券

大江山國定公園入口

一字觀

橋立圖〉，是創作生涯的巔峰之作，也是日本山水畫的不朽名作。為了看到雪舟觀，我們在大雪中很艱難地前進，好不容易到了附近，很多停車場都沒有開放。

老實說，我認為雪舟觀實在不怎麼樣。很多美好的事物，也許真的只能存在於想像之中，親臨現場往往會很失落。尤其是繪畫，常帶有許多浪漫的想像，實際上看到現場，就未必那麼美了。我們兩個旅行，也常在理性與浪漫之間拉扯。

一字觀的觀景位置比雪舟觀更難抵達。因為地處偏僻的山上，開車要開很久。天橋立從南到北只有三公里，因為不能開車穿越，必須繞行旁邊的海岸線，這段路程長達十公里。

我們在蜿蜒的山路與大雪中前進，隨著GPS上目標愈來愈近，感覺就快要到達終點時，前方的道路竟然被大雪封住，完全無法前進，我只好把車停在路邊。而他下車後，走了半個小時的山路，才看到傳說中的一字觀。為了看到自己想看的東西，不論是跋山涉水，真是什麼艱難都可以突破啊！

景觀名宿——玄妙庵

要觀賞天橋立美景，最知名的旅館就是玄妙庵。它位於文殊山的山腰上，位置絕佳，曾是天皇的下榻之處。天皇去住過之後，非常喜歡這裡，一共去了五次。一般只要是天皇走訪、住過的飯店都會被「加持」，價格變很高，可是玄妙庵卻沒有因此而高不可攀。形式上雖然是傳統的日式旅館，卻透過巧妙設計將周圍景色

玄妙庵房間內觀景

納入室內空間，讓住客不論是吃飯、泡澡、在房內休息，都能欣賞到「飛龍觀」在雲影天光中的各色美景，光是那個景，就已經值回「房價」。

尤其是冬天，玄妙庵是欣賞「飛龍觀」雪景的首選。在嚴寒的冬季，海水浴場沒有遊客，更能體會天橋立的美。比起在冷風中踏雪，此時的天橋立更宜遠觀。大雪紛飛的時候，望出去是一片白色滄茫；當風雪稍停，萬籟俱寂，窗外的山、水如凝結般靜止，天橋立沙灘的白雪與黑松，遠遠近近山巒起伏的深淺墨色，才是最令人屏息的「絕景」。這樣的景色需要一點運氣才看得到，如果碰到大雪不止，或根本不下雪，就無緣得見了。

玄妙庵環境古雅，而且庵主收藏了很多東山魁夷畫作，閱讀室內更有不少藏書，並且提供免費的清酒試飲，泡完湯後，很適合來這裡放鬆一下。

山與海構成的秀麗面貌

伊根舟屋

丹後天橋立大江山國定公園

「丹後天橋立大江山國定公園」（名字好長！）是一條沿著岬角前行的海岸線，四季景色分明，山與海構成的秀麗面貌在不同時節各有風情，沿途可以將車速放慢，路邊有規劃停車的地方，通常都是拍照、看美景的最佳地點。夏季時，很適合帶著小朋友的家庭開車來這裡玩，沿途有很多海水浴場，環境整潔，可以放心的去玩水。

這段路曲折窄小，就像台

搭船餵海鷗

灣濱海公路和陽明山巴拉卡公路的綜合體。很窄的雙向車道，一路上沒有什麼車，也沒有什麼人。路上的駕駛可能為了看風景，車速很慢，若是後面有來車，就將車子靠邊，伸出手揮一揮，讓後方超車開過去。

伊根舟屋

伊根這個地區有著日本特殊的「舟屋」文化，沿著海灣連綿成特殊的景觀，長長的屋柱扎進海底。一樓是停泊船隻的地方，人們則住在二樓。

舟屋形成於江戶時代中期（西元一八〇〇年左右），屋頂以茅草鋪面，為了晾乾漁網，當時的舟屋內是沒有地板的。來到這裡，除了可以看見獨特的民居形式，伊根地區的祭典、海鮮、酒，都很值得體驗。

來到伊根，推薦坐觀光船參觀。因為只有在船上往岸邊看，才能完整欣賞舟屋群的特殊地景，體會這裡的居民出海工作時的生活感；另一個原因是體驗餵海鷗。

觀光船上有賣類似蝦味先的餵食用餅乾，一開船沒多久，海鷗們都擺好陣仗等著被餵食。因為害怕被啄傷，遊客們往往是一陣亂丟，海鷗沒辦法準確地接住食物。他認真的和我說：「要先跟海鷗培養感情，每次要丟食物之前，要先看著對方的眼睛。」（聽到這裡我都要翻白眼了！）

他先向其中一隻海鷗「眼神交流」，讓海鷗知道他要準備丟食物了；說也奇怪，這隻海鷗就會以穩定的飛翔速度跟在船旁邊，專注地看著他，像是在說：「我準備好了，來吧！」

沒想到他每次一丟，海鷗都能迅速準確的接住，連續二十幾隻都沒失誤，讓船上其他的日本觀光客驚呼連連。

下船後我們走在伊根舟屋的馬路上，從舟屋的另一側向海望去，又是另一番獨特的風景。

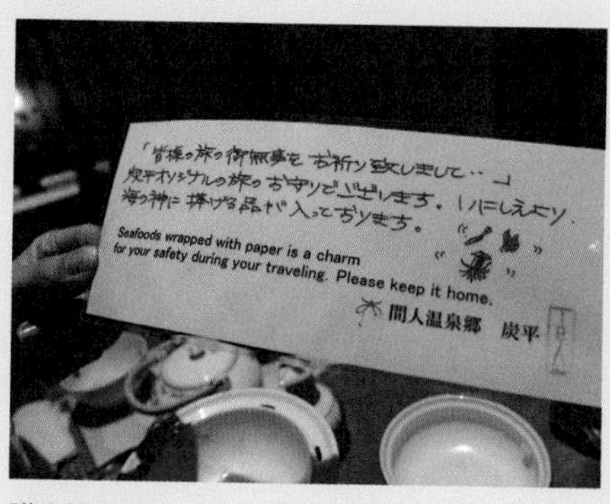

護身符解說

炭平

美味之宿——間人炭平

「炭平」位於日本海旁，環境非常清幽。這家料理名宿是以日本海的肥美海鮮料理出名，許多人都是為了品嚐美食而選擇入住。一泊二食的住宿中，無論朝食或晚餐，都讓人覺得誠意十足！

除了安靜，它的氣氛也很特別，比起旅館，它更像是一個「家」。旅館裡沒有電梯，服務人員會把行李扛去房內放好。進入旅館後，你可以選擇自己喜歡的浴衣，每一套的花色都不一樣。

炭平有好幾種房型，除了一般客室，還有豪華的獨棟別墅與鄉土建築，很適合家族旅行的小團體入住。公用的客廳內，陳列著當地旅行的參考資料，尤其是琴引濱的介紹。空間中也設置了音響、香、飲料、茶點等各種用品，讓住客隨意取用。需要付費的東西則是在旁邊放個小錢箱，取用的人就自己把錢投進去。

準備離開的早上，我發現服務員在我床邊的榻榻米上留下了一個小紙包和一張紙條。

打開後是一堆乾燥的小蝦皮、小魚乾，我本來以為是致謝的留言和做為路上乾糧的小零嘴。後來在桌面上看到一張護貝過的紙，上面介紹間人的地方風俗：間人自古以捕漁維生，要與險惡的日本海搏鬥，當親人出門遠行，他們就會給親人一小包海產乾做為護身符，保佑親人平安歸來。原來它不是食物，是祈福的小禮物呀！這份特別的祝福，陪著我們平安回到了台灣。

早餐時，我特別觀察服務員究竟怎麼行動。

他們把飯菜在你的桌上放妥後，人就不見了。我很好奇這樣他們怎麼知道我吃完了沒？是否需要加飯？桌面要整理時怎麼辦？為什麼他們都會在剛好的時間點突然出現提供服務？

觀察了很久才發現，原來他們都藏在屏風後面偷偷觀察，只要客人可能有需要，就會立刻出來服務。

丹後松島

東北的松島是日本三景之一，海上布滿了一座座大大小小的奇巖怪石，上頭生長著青松。間人的松島可說是東北松島的縮小版「微景」，開車經過時可以停下來欣賞。

琴引濱

間人以琴引濱的特殊地質聞名，這裡的沙灘是所謂的「鳴沙」，踩下去會發出微妙的聲音。

日本海海鮮

間人蟹是松葉蟹的一種，這裡只有每年十一月至隔年三月才開放捕撈間人蟹，其他時間是禁捕季，讓海洋生態有充足的時間休養生息。間人夏季的漁獲則是以鮑魚、牡蠣為主。

在夏季，間人的日本海一片平靜。印象中洶湧的日本海在此時波瀾不驚，看似豪華的海鮮大餐，似乎也缺乏某種生命力。以牡蠣為例，間平夏季的牡蠣雖然體積很大，卻缺乏鮮甜的滋味。冬季的日本海怒濤拍岸，此時的海鮮就變得特別好吃了。

建議行程

第 1 天
大阪關西機場～新幹線～京都（夜宿京都）

第 2 天
京都車站（取車）**～美山、舞鶴～天橋立玄妙庵**

第 3 天
天橋立智恩寺（駐車場）**～天橋立**（騎腳踏車）**～傘松公園**（還腳踏車，後搭船回到駐車場）**～伊根舟屋～丹後松島～屏風岩～夜宿間人炭平 or 城崎溫泉**

第 4 天
竹田城跡（天空之城）**～大阪**

第 5 天
大阪關西機場

5 富士山——信仰的泉源與藝術的靈感

富士山：既熟悉也陌生的存在

畫中的場景，似曾相識。

天竺黃渲染的天空下，張牙舞爪的滔天巨浪，自遠方襲來。載浮載沉的小船，在危機四伏的大海中掙扎求生，失措惶恐的乘客，全身顫抖地縮瑟在甲板上，雙手死命地抓住外舷，彷彿一個不留神，就會被波濤沒入大海。這眞是千鈞一髮的生死瞬間。

在阿拉伯海，我也有相同的經歷。

當時，一艘往返阿拉伯半島亞丁港與索特拉港的定期貨輪，停泊在龍血島外海，我和貨輪機組員一行六人，乘著只配備五馬力柴油馬達的木造小艇，在駭浪中馳向本島。來自撒哈拉的季風在印度洋上掀起裂岸驚濤，我們就在波峰浪谷間奮力向前。不足一海哩的距離，小艇彷彿走了一輩子；但我們的一生，又好像在須臾片刻中，走馬看花了好幾次。

大家的手緊緊抓著護欄，向阿拉與聖母呼救的祈禱在席間流轉，我的腦海中，卻浮現了〈神奈川沖浪裡〉——原來，風頭浪尖就是這麼一回事啊！

在攝影尚未發明的年代，葛飾北齋精確地掌握了五千分之一秒的高速動態。

葛飾北齋〈神奈川沖浪裡〉

當我們注視這幅畫時，視線會隨著波紋線條游移，隨著高低起伏，同時也感受到在翻騰巨浪中孤零無助的恐懼。不過，畫面中最震懾人心的，是中央遠方的富士山，就像是從洪荒創世就如如不動地鎮守在大地盡頭。富士山與巨浪，形成一動一靜的強烈對比，加深了畫面的衝突與戲劇性。很難相信，如此充滿巨大動能的〈神奈川沖浪裡〉，竟然是畫家七十一歲時的作品！

〈神奈川沖浪裡〉，其實是浮世繪組圖〈富嶽三十六景〉其中一幅。雖然說是三十六景，其實北齋先後共繪製了四十六幅。每幅都以獨特的視角與縱深，饒富意味的生活場景，描摹市井小民的平凡日常。

浮世繪的發展中，「美人繪」與「役者繪」一直都是大眾主流。隨著西方透視技法（Prospettiva）傳入、民間進香朝聖，以及官員「參勤交代」制度的確立，繪師們嘗試在作品中表現悠遠的空間感，映襯著遼闊的天空與浮雲，人們在大地上踽踽而行。這一次，人從形而上的性靈空間出走，進入塵與土的大千世界。

就革命意義，對於只能蝸居在家的人們來說，趴在臥榻上就能享受異地他鄉、名山大川的風光。方寸間，時而穿梭在霧靄裊繞的古代森林中，時而飛上雲霄，鳥瞰天女下凡的海岸松林；前一刻，我們還在奇峻的深谷溜索渡澗，下一秒，我們又走在嵐山渡月橋上，欣賞洛西遍野盛開的櫻花……以地景風光為主題的〈名所繪〉（めいしょえ）撫慰了市井對移動的渴望，滿足了大眾對遠方的想像，可想而知，風景浮世繪大大地受到民間喜愛。

話雖如此，並不是說在名所繪之前沒有風景畫。被列為國寶的繪卷〈信貴山緣起〉（しぎさんえんぎ），就描繪了若干奈良信貴山形貌。在京都開山立宗的畫派「狩野派」（かのうは），將中國華南的〈瀟湘八景〉轉換成本土的〈近江八景〉與〈金澤八景〉，都算是以景為名的藝術創作。不過主題和風景沒有直接關聯，

葛飾北齋〈東都淺草本願寺〉

風景只是故事發生的背景，就像是超級市場所播放的音樂，不會有太多人注意到那是什麼。〈富嶽三十六景〉的出現，開啓了「風景浮世繪」的風潮。

透過高明的構圖，北齋巧妙地將富士山與民眾生活合而爲一。在〈東都淺草本願寺〉與〈江都駿河町三井見世略圖〉中，富士山化爲江戶城沉默堅定的守護者。都城的入世繁華與靈山的脫俗超然，相互輝映。

在〈駿州江尻〉裡，秋風惱人地颳起漫天飛舞的懷紙，遠方富士山的輪廓，淡淡地隱沒入煙雲中，彷彿世間擾攘喧囂的一切，都與它無關。

我喜歡葛飾北齋對生活細膩動人的精采描繪，每幅作品都洋溢著對「人」的關注與喜愛。富士山，則化成既熟悉也陌生的神祕存在。我們總是知道，它就在那裡，靜靜地關注人世的離合悲歡。

山岳信仰：原始信仰的核心

搭乘東京地下鐵日比谷線，在入谷站下車，從四號出口上去右轉，大概五分鐘的腳程，一座蒼鬱清雅的神社就在前方。這是小野照崎神社，主祀學藝之神小野篁與學問之神菅原道真。許多人聽過菅原道真，卻不太知道小野篁。

生活在平安時代後期的菅原道真，以文采名動天下，卻因爲政爭落敗而下放九州，最後在太宰府抑鬱而終。傳說死後化成怨靈，以落雷天火攻擊京都，〈北野天神緣起繪卷〉就畫下了傳奇的「清涼殿落雷事件」（西元九三〇年七月二十四日），許多公卿在內閣會議時遭雷電「追擊劈死」，現場慘絕人寰。目睹悲劇而大受驚嚇的醍醐天皇，在事發三個月後因精神耗弱不幸駕崩。著名的北野天滿宮最初就是安撫菅原道真而建，後來才成爲莘莘學子求取功名的祈願聖地。

而被稱爲「文章天下無雙」的小野篁，也是平安時代的文學名家，《和漢朗詠

葛飾北齋〈駿州江尻〉

葛飾北齋〈江都駿河町三井見世略圖〉

集》與《古今和歌集》，收錄了不少詩歌。《百人一首》中「わたの原　八十島かけて　漕ぎ出でぬと　人には告げよ　あまの釣船」（迷茫海上行，生涯似浮萍。孤舟成千里，借語告父老）就是小野篁流放隱岐島時的創作。

除了官方史料外，以稗官野史爲主的故事集《宇治拾遺物語》，也記載著關於小野篁的奇譚。

傳說他曾經從京都洛東六道珍皇寺的水井進入冥間，協助閻羅王審理案件，不過卻遇上好友，源氏物語的作者紫式部，因爲她的小說描寫宮闈不欲人知的隱私，以及過於露骨的男歡女愛，從而墮入地獄道，小野篁因愛生憐，透過口才及文采說服閻羅王網開一面。

不過這故事有個小小破綻，那就是紫式部比小野篁晚生了一百年左右，所以生前不太可能認識。不過可以確定的是，兩人的墓所比鄰而居，也算美事一樁。

相較之下，另一件軼聞可信度則大大提高。小野篁常常寫詩議論朝政，批評時事，這種壞習慣自然不得上頭關愛的眼神，最後得罪了天皇。《宇治拾遺物語》記錄了小野篁觸怒天威後，嵯峨天皇用了「子子子子子子子子子子子子」（沒錯！就是十二『子』字）的謎語來刁難小野篁，不過小野篁破解了謎底，意思是「貓的孩

《北野天神緣起繪卷》中的清涼殿落雷事件

子是小貓，獅子的孩子是小獅子」。因爲在日文中，「子」這個漢字可以發「ね」（ne，訓讀，用於十二地支）、「こ」（ko，訓讀）、「し」（shi，音讀）、「じ」（ji，音讀，し的變音）四種不同的讀音。所以句子的讀法就變成「ねこのここねこ、ししのここじし」（Neko no koko neko,shishi no koko jishi）。

總之，如果說菅原道真是日本的孔子，那麼小野篁就是才高八斗、七步成詩的曹植。

在日本神社域內，除了主祭神祇外，通常也會有其他神明入厝，這些位於旁側或後方的小神社稱之爲「境內末社」。小野照崎神社內七座境內末社中，有一間是富士淺間神社，奉祀著名爲「富士塚」的小假山。

在日本精神世界中，山岳信仰是原始信仰

的核心，其中又以富士山最爲重要。民間宗教團體常常會舉辦法會與讀經班，宏揚教義、祈福避厄，偶爾辦辦進香團，順便募款。這種宗教聚會稱之爲「講」，例如佛教團體「維摩講」、「觀音講」、「藥師講」……以地方神祀爲主的「稻荷講」、「惠比壽講」……以朝聖參拜爲主的「伊勢講」、「大山講」、「熊野講」與「金毘羅講」……其中最受信眾擁戴的，是以參詣富士山爲主的「富士講」。

富士講全盛的江戸時代，有「江戸八百八講，講中八萬人」的敘述，說明了早在兩百多年前，攀登富士山就是宗教時尚的一部分。當年的朝聖客登上富士山後，會在峰頂撿拾熔岩，回到市區把這些碎石堆疊成山，稱之爲「富士塚」。換句話說，富士塚就是富士山的迷你分身，讓無緣攀

歌川廣重〈目黑新富士．富士塚與富士山〉

登的人也能一親富士芳澤。

歌川廣重的〈名所江戶百景〉中的〈目黑新富士〉與〈目黑元不二〉，就描繪了江戶人登上迷你富士遠眺富士山的有趣場景。

小野照崎神社後的富士塚，被稱爲「下谷坂本富士」，高五公尺、直徑十六公尺，就是江戶中期富士山朝聖客所攜回來的熔岩碎石堆砌而成。每年六月三十日與七月一日兩天舉辦開山典禮，這兩天開放給香客走山，過過爬富士山的乾癮。

東京都內原本有許多迷你富士，第二次世界戰爭時美軍猛烈轟炸後殘存無幾，其中最完整的，大概只剩下澀谷區鳩森八幡神社的千馱谷富士、品川區品川神社內的品川富士、練馬區茅原淺間神社的江古田富士，還有豐島區富士淺間神社的豐島

歌川廣重〈目黑元不二〉

長崎富士。

這些碩果僅存的迷你富士，也是日本申請世界遺產的構成元素之一，代表了原始信仰的化石遺跡。

江戶美術的迷人意象

一八七三年五月一日，第五屆萬國博覽會（Weltausstellung 1873 Wien）在奧匈帝國首都維也納正式開幕，全球三十五個國家共同參與，一百八十三天的展期，吸引了七百二十六萬人次參觀。

大政奉還後的日本，以藝術及新興工業國姿態首度參展。日本慎重其事地派出成員一百零七人的外交使節團前往歐洲。透過藝術文化交流，日本希望和歐洲各國建立正常而恆久的外交關係，中止不平等條約。同時，高層政治菁英（諸如伊藤博文、岩倉具視）也進行一場「憲政大血拚」，任務是研究西方政治運作模式，方便回國後制定新憲法。

千馱谷富士

下谷坂本富士

初次以「國家」名義參展的日本，爲了讓奧匈帝國法蘭茲・約瑟夫皇帝留下深刻印象，特別在日本館內擺設名古屋城巨型金鯱、鎌倉大佛紙模型（紙の張抜）、谷中天王寺五重塔模型，當然，還有淡麗典雅的茶室庭園。現場還陳列了陶器、漆器、金細工、銅器、甲冑刀槍、浮世繪、名所圖繪手工藝品，到和紙、材木、礦物等產業資源，可說是應有盡有。

第五屆萬國博覽會

名古屋城天守閣的金鯱

這是明治維新後，日本第一次與現代歐洲對等交流。西方世界原以爲東方最強盛的國家是中國，經過維也納萬國博覽會的宣傳後，大大改變他們對日本的看法。特別的是，在日本館內最受民眾喜愛的，並不是和室庭院，也不是金鯱大佛，而是柴田是真的作品〈富士田子浦蒔繪額〉。

在古老的和歌精選《萬葉集》，「三十六歌仙」中的山部赤人面對聖山，留下了「田子の浦ゆうち出でてみれば真白にそ富士の高嶺に雪は降りける」（從田子浦望去，富士山頂降下皚皚白雪）的詠歎。田子浦位於伊豆半島的西側，算是駿河灣的左半部。

很多人會把靜岡市清水區田子浦和富士市田子浦港搞混，實際上這兩個地方差了三十公里，欣賞富士山的觀感也不一樣。〈六十余州名所圖會〉遠眺富士的〈三保松原〉，葛飾北齋〈富嶽三十六景〉中的〈東海道江尻田子の浦〉，包括大家熟悉的櫻桃小丸子，故事舞台也是田子浦所在的清水區。漆器蒔繪大師柴田是真，也是從田子浦的角度，描繪他心目中絕美的神山富士。

所謂的「蒔繪」，就是在漆器上以貴金屬、珍母貝、斑彩石、琥珀、玳瑁、夜光蠑螺、蚌殼爲材料，透過平文、沉金、螺鈿等精緻手藝，將平滑光亮的漆

柴田是真〈富士田子浦蒔繪額〉

面化成幻彩閃動的泥金繪畫。在西方，我們可以在泥金裝飾手抄本（Illuminatedmanuscript）中窺見相似的手法，著名的《凱爾經》（*Book of Kells*, 8th）及《豪華日禱書》（Très Riches Heures, 1412-1426）就是最佳範例。

修道士與藝術家極盡巧思地把對造物的讚歎，化爲五彩競豔的呢喃：以接近抽象主義的手法繪出單色鑲邊、熾烈墮落的紅、平和無限的藍、明亮蒼翠的綠、尊貴榮耀的金……每一頁，都是細膩無比的緻密畫。這些手繪本曾經以天使落入凡間的絕美，深深撼動西方人的心靈，這一次，由來自東方的精湛工

克林姆〈艾黛兒〉

克林姆〈茱蒂絲〉

克林姆〈吻〉

藝接續這份偉大的傳統。

柴田是真將清朗秀麗的富士山，轉化成感官與自溺的幽靈，透過光與暗的層次交疊，讓畫面深深地陷入魔魅、靜止與眞空的永恆之中。在我看來，〈富士田子浦蒔繪額〉是神祕主義與美學、虔敬與愉悅、冥想與遐思最佳折衷的代表。柴田是真確實捕捉住西方對遠東的浪漫憧憬。一時之間，富士山造型的周邊商品大賣，複製版畫供不應求，富士山等於日本的刻板印象，就是在此時確定下來的。

後來，克林姆從柴田是真的創作中，窺見日本藝術自然主義與象徵主義結合，協調自然與人工的特質。〈艾黛兒〉、〈茱蒂絲〉還有〈吻〉，都可以發現延續自江戶美術的迷人意象。

從藝術到現實，一路上，富士山，透過不同的形式，不斷地向我招手。

現在，我又來了。

攀越頂峰，征服無知而渺小的自己

根據可靠的文獻記載，第一位攻頂富士山的外國人，是來自英國的拉塞福·阿爾科（John Rutherford Alcock），不過熟悉遠東近代史的朋友，會知道他另一個更響亮的名字：阿禮國。從鴉片戰爭、南京條約、虎門條約到亞羅號事件，都有阿禮國往來穿梭的身影。

大清帝國於一八四三年開放廣州、福州、廈門、寧波、上海五口通商後，阿禮國先後被大英帝國維多利亞女王任命爲福州、上海與廣州知事，在他的領導下，一手建立了領事裁判權制度與租界管理業務。由於他在中國的「業務」拓展得有聲有色，一八五八年轉任駐日公使，負責在東京開設英國領事館，算是十九世紀的東方通。

一八六〇年九月十一日，阿禮國取徑古老而經典、今天卻沒什麼人走的「富士山村山口登山道」攀登富士山。〈絹本著色富士曼荼羅圖〉畫的就是這條路線，朝聖山客沿著曲折蜿蜒的山道上行。

登山詳細情況如何，沒太多的敘述，畢竟富士山是一座看起來比爬起來更讓人愉快的聖山。不過阿禮國下山後，和拜訪乾隆的英國公使馬戞爾尼有一樣的觀點：在西方歷經《獨立宣言》、《權利法案》、《人權宣言》與工業革命的洗禮後，認爲東方需要開放與改革。

不過他可不是爲了促進世界大同，實現均富社會才這麼說。阿禮國後來寫了一本名爲《大君之都》（The Capital of the Tycoon, 1863）的東方見聞錄：

「這些崇拜偶像的異教徒，相信動物也是神靈……可以用咒術殺人……還敢奢望來生的輪迴轉世，實在是太蠢了！即使是詩人、藝術家、哲學家眾出人士，和我們國民素質相比，無論中國還是日本，都是劣等民族。」

〈絹本著色富士曼荼羅圖〉

阿禮國對東方的看法，代表了帝國主義與殖民經濟的觀點，這群人所到之處，是一連串的占領與劫掠。阿禮國爬富士山，是以輕蔑的腳步征服，而不是朝聖。

在飛揚跋扈的青春，我走進山林，後來讀了深田久彌的山野隨筆《日本百名山》，開始認識列島的山。深田用平實而虔誠的文字，為昭和時代的閱聽大眾娓娓道來富士山的種種。從《萬葉集》到松尾芭蕉，用文字歌詠富士；禪庭園始祖夢窗疏石在靜觀過富士山的雄奇俊朗後，將它抽象化，成為枯山水庭園重要元素「石組」的靈感；江戶時代中期的文人畫家池大雅數次登上富士，只為感受「不盡（ふじ，音接近『富士』）的浩渺，後來畫下〈芙蓉峰百圖〉；江戶琳派的美學大師酒井抱一則用最簡約，卻最強烈的方式將富士山印象深烙人心。

攀登富士山頂峰的最後一哩路，對所有人來說，都是凌遲與折磨。大氣壓力的變化，吸入氧氣量的遽減，讓每個人的肺都像在燃燒。離開本八合目才三十公尺，突如其來的寒霧迅速地籠蓋整個峰頂，風勢逐漸加強，上攀的情況變得不樂觀。即使富士山在這十幾年逐漸郊山化，或許大家都忘了，它仍然是一座海拔三千七百七十六公尺的龐然巨峰。當我抵達海拔三千六百公尺的九合目時，看見許多人坐在山徑轉折處喘氣、嘔吐，就躺在路邊不願起來。我們頂著愈來愈強的風雨，繼續上行。

葛飾北齋在〈富嶽三十六景〉的〈諸人登山〉，就畫下了登山朝聖客的顛簸與艱辛，從畫面上可以看見一群山客肩摩趾錯地擠在山屋內打盹、取暖。

終於，在清晨五點四十分，我來到了富士山頂的久須志神社。許多登山客來到神社後，拍照、喝水，然後又匆匆忙忙地下山。這一天的氣象很差，許多人都因未能看到氣象萬千的日出「御來光」而失望。

我張望著東方，等待微薄的陽光。漸漸的，積纍的亂雲散去，在那稍縱即逝的片刻，我瞥見了雲破處雨過天青的湛遠，一路上身體所承受的勞苦、心理所忍受的折磨，所經歷的寒雨冰霜，都在那一刻消融殆盡，留下來的，沒有狂妄張狂的自大，只有小小成就的淡淡喜悅。

登上頂峰，眞正被征服的，只有無知而渺小的自己。

在孤傲裡踽踽而行，在幽微中尋尋覓覓

回東京的路上，我頻頻回首千里暮雲平的河口湖，富士山，早已隱沒在冷月夕陽、殘荷苦雨裡蒼涼低迴。介然不群的北齋、狂放任情的是真，輕輕地淡出記憶之

外。縱使驅車遠離，仍擺脫不了一水幽遠，風景遠逝後，追憶起來，竟生起莫名的懷舊沉思。

一路亦步亦趨地，追尋著過往歲月，那些我曾經留下，以及來不及參與的，都留給了峰頂的萬年雪。攀登高山，可以懷抱清曠的事體，深藏虛谷。

看著窗外快速飛逝的燈火，腦海中不由得浮出唐寅的落拓放浪：

「不煉金丹不坐禪、不爲商賈不耕田。閑來寫幅青山賣，不使人間造孽錢。」

葛飾北齋〈富士越龍圖〉

對生命的執著，在孤傲裡踽踽而行。對美的堅持，在幽微中尋尋覓覓。唐伯虎走過的，北齋也踏進來了。

一八四九年，九十多歲的畫家，知道自己離死不遠了。北齋雞骨支床地躺著，常擔心起不了身；起身後，怕下不了床；下了床步履無力，怕走不到門口透透氣；到了門口又怕走不回去。即使如此，瀕臨絕望的他，仍活得很希望、很尊嚴。「忍古不失古」，北齋在孤憤中，找到活下去的堅持。

〈富士越龍圖〉是葛飾北齋的天鵝之歌、肉筆畫的聖殤。風燭殘年的畫家，筆觸有濃濃的秋意，北齋畫出了九天之上高寒，孤峰峻壑的深寒，萬年雪玉潔冰釋的清寒。迷濛的黑雲中，枯筆化成亢龍飛升。這是他人生最後一幅作品，迴光返照的心象投射。兩個多月後，畫家在貧病交迫中離開了人世。

過了一百多年，大導演黑澤明拍了一部毀譽參半的作品——《亂》。

「……我拍《亂》，只是想看看富士山頂的雲和雪……其他的一切，都不重要了……」

如果可以，我也想和黑澤明一樣：

或許哪天，再登上富士，只爲了在劍峰頂吹風，感受那份竝爽深邃的幽雅。

聖山之旅——富士山

朝聖、旅遊的熱門觀光地

富士山自古就是朝聖、遊覽的熱門觀光地，玩法非常多元，不同的時節有不同的玩法。

一般人通常會參加當地旅行團兩天一夜的行程，有專車帶去遊富士五湖。我們選擇開車，是因為人數多，外加行李與登山裝備，怎麼算，都覺得租車比較方便與划算。

如果自駕，則建議由靜岡進、東京出。但缺點是靜岡空港地處偏僻，須先搭車至靜岡車站（靜岡市）取車，而且到達航班是晚班機。如果搭乘交通工具，就必須從東京進出，在東京車站搭巴士前往富士山，需要原路折返，比較耗時。

富士山的範圍很大，跨越了靜岡縣、山梨縣、神奈川縣，如果從靜岡進去，就可以繞著富士山玩，最後到東京。這條路線可以走完五座湖，如果有空，還可以去富士急樂園或御殿場購物。

對喜歡開車的人來說，最有趣的就是東京首都圈的高速公路了！為了避開皇居，東京的高速公路繞出一段連續急彎，在上面急速行駛時，會覺得自己是開在賽車道上，十分刺激。

進出成田機場的交通有點複雜，取車時一定要先問清楚路線，以免迷路（通常租車公司人員會先圖示告知）。如果想避開這段路，也可以先到東京車站還車，再搭一段電車前往機場。

藝術的靈感

做為日本的聖山，人們對富士山的崇拜與欣賞，自古以來，就是大和文化的核心。環繞富士山的五座湖泊，就成了輝映、襯托富士山的重要配角。這五座湖泊從東向西，分別是山中湖、河口湖、西湖、精進湖、本栖湖。所有觀光設施與旅遊動線，都以這五座湖泊為根據地，與周遭城鎮連接。

日本觀光局為了打造富士山的春夏風景，促進、開發了各種花田，包括薰衣草、鬱金香、向日葵、波斯菊。在山中湖附近的「花之都公園」，每年四月至十月，時令花卉如豔麗的織毯遍地綻放，沒有開車的遊客，也可以搭乘觀光小巴士穿梭其間。

五座湖泊各有其著名的富士山景觀，都有著名的溫泉飯店，其中又以河口湖和山中湖開發最完整。

富士五湖最多人前往的是河口湖，因河口湖是唯一可以看到「逆富士」（富士山的倒影）的地方，也是登富士山最方便的出發地。

從山中湖可以看到赤富士。富士山是火山，山體表面為光禿禿的火山岩，一棵樹都沒有。在晚夏初秋之時，日出的紅色曙光照耀在富士山上，將整座山染成一片魔幻般的赤紅，葛飾北齋的浮世繪名作〈凱風快晴〉描繪的就是赤富士。

會唱歌的柏油路

從河口湖往富士山前進，車開著開著，突然聽到一陣叮叮咚咚的音樂聲。

「為什麼窗外有音樂啊？」

葛飾北齋〈凱風快晴〉

我們往外看，柏油路上畫著音符的記號。原來這一段是有名的「歌唱道路」，當汽車以時速四十公里前進時，輪胎與路面精心設計的溝紋摩擦，就會發出〈富士山之歌〉的旋律。日本人的巧思真的很可愛。

開車看到富士山時，大家都興奮的喊著：「到了到了！」「到富士山了！」

「有沒有準備好明天就要去爬了？」一聽到這句話，全車立刻安靜下來。每個人望著那座高聳入雲的山峰，心中都打起了退堂鼓。當晚下起暴雨，大家對於是

攀登富士山注意事項

富士山正式的開山時間是七月和八月，其他時節山頂積雪，山屋也不一定開放。但我強烈建議七月去，因為八月較易遇到雨季。

七月和八月氣候炎熱，山上沒有遮蔽，白天日晒強烈，一定要備好防晒裝備。入夜後氣溫會迅速下降，接近山頂時會降到零度，因此禦寒的衣物也不可少。一定要多帶幾件易乾的衣服，以防山上氣候瞬息萬變。

富士山不能自行開車進入，必須在富士山腳轉乘接駁車。乘車處有一座大型停車場，我們停好車，轉乘巴士上山。從富士山五合目進入的登山道是比較輕鬆的，適合初學者。

另外，富士山開放期間是暑假，但日本租車最貴的時候也是暑假，旺季價格與平日差距不小。這一點所有租車公司都一樣，要有心理準備。

否能順利上山，都有點拿不定主意。但到了預定的出發時間，每個人還是整理好裝備，迎向挑戰。

上山

到了爬富士山的這一天，我原本抱持著許多猶豫不決的想法。結果朋友們開始遊說、鼓勵我，並用熾熱的眼神慫恿我：「都來了，你這次不爬，以後就不會有機會來了。走啦，趕快跟我們一起上去。」跟我講這種話的，是兩個「從不運動」的女性朋友。

我就在這種氣氛下被激勵了：「好吧！走！」

山上的天氣瞬息萬變，剛上去的時候天氣非常好，但太陽一下山，氣溫就立刻下降，非常非常冷。

我沒有爬高山的經驗，沒想到一路都適應得還不錯。但中途稍微大意，大聲呼喚我的朋友，身體一用力，便開始頭暈。高山症最忌諱的是爬山時走太急，在山上也不能太大聲講話。

還沒上山之前，我看到山下賣店有賣氧氣罐，就跟他說：「有在賣氧氣罐耶，我們需要先買嗎？」

「不用啦，山上到處都有賣，需要再買。」

爬到差不多七合目的時候，我就覺得有點喘了。看著身旁的外國人，很多都背個袋子、拿著吸管吸。他們吸氧氣的樣子，好像很舒服。我看著他們手裡的氧氣罐，問他：「可以買一罐給我嗎？我也想要吸。」

「等等，再往上走一下，我再買給你。」

結果爬到八合目的時候，氧氣罐已經從原本的五百元變成六百，再往上爬，

登山山路

登山標示牌

富士山吉田口六合目上山道

變七百，愈來愈貴。每隔一段高度就加一百日幣，我問他：「現在可以買了嗎？」

「再等等，你先休息一下，到了小屋我再買給你。」

到了山屋要睡覺的時候，我的高山症開始發作，頭痛到快要炸開。我旁邊躺了一個外國人，整個晚上就聽到他在吸氧氣「咻咻咻」的聲音，我也好想要吸一口啊！就跟他講：「可不可以買一瓶給我，我想吸……」

但他竟然回我：「吸那個東西不好。」後來他才解釋，如果能撐過不吸氧氣，以後身體對高山的適應力就會變更好。（可是，我並不打算再爬高山了啊！）

由於體能差距懸殊，雖然是一起上山，但彼此之間的距離卻愈拉愈遠。一開始我們還會停下來等落後的朋友，但因為太冷，一停下來很快就會失溫，只好一直往前走，想著在山屋會合就好。

我們訂的山屋距離山頂只有八百公尺左右，但因為攻頂的這一段比較難走，所以選擇在山屋稍做休息。大約下午五點半抵達山屋，山屋的空間很小，沒辦法讓很多人在裡頭活動，管理人員會催你趕快吃晚餐，吃完就趕快去臥鋪睡覺，不能占位子坐在那裡休息。

攻頂

清晨三點半，大家都起來整裝，準備攻頂看御來光。但我高山症發作已經快吐了，心想，邊吐邊看御來光似乎也太……，決定還是先調整體力，再獨自上山。一個人孤零零躺著忍受高山症的痛苦、輾轉反側，真是煎熬。朋友們離開後三小時，我一個人出發攻頂。

我一個人前進，本來以為路上一定會有人，我就跟著走。沒想到我走錯路，

山口

上山道七合目

走到下山的路了。下山路非常陡峭，而且路面都是沙，踩下去根本沒有著力之處，一直往下滑。我逆著山勢向上走了幾公尺，就發現自己走錯路，旁邊所有的人都是往下走的。於是我馬上回頭，回到岔路口往上山的那條路走。此時看到有個人穿著裝備累倒在路邊，身邊沒有同伴，我不禁擔心等一下會不會也變成這樣。

就在這個時候，剛好遇到他下山，他便陪著我再爬上山頂。雖然我沒機會看見御來光，但是攻頂後的成就感，早讓我忘卻這份遺憾！

富士山海拔三七七六公尺，山上的空氣很稀薄。我們去的時候大雨間歇，稀薄的空氣、低溫，惡劣的天候已經是嚴酷的挑戰，在這樣的環境中，還要一路不斷的連續攀登，實在是心靈與身體上的修練。

攻頂的這一段是最驚險的。雖然只有一條路，但繞火山口一圈，卻是濃霧蔽天，伸手不見五指，道路的一邊是火山口，一邊就是懸崖，而且路非常窄。還好日本的山區管理做得很好，沿路都有圍籬讓你可以攀扶，而且一直都有工作人員在巡山，幾乎每個哨點都配置了人，隨時看著是否有人需要幫忙。

為什麼一定要攻頂呢？因為富士山有太多美景是一定要靠近山頂才看得到。像是飛碟、相撲力士形狀的雲彩、雲海等等，只看照片是不會有那種感動的。爬山就是讓你身臨現場，那些美好的事物近在咫尺，彷彿伸手就可以觸摸得到。

尾聲

下山非常的無趣。就像他在書裡寫的，人生最大的挑戰是日復一日做一樣的事情；從富士山下來，對這句話的感受會很深刻。因為你就是一直在走相同的下坡路，走一走就滑一下，不斷重複這個過程，長達三個多小時。在這三個多小時中，只能重複做一件事。

旅行可以讓人了解自己過往從未察覺的一面，有時候是脆弱，有時候是韌性。無論如何，一定要親自去試試看。

我一開始也難以想像自己竟然可以攻頂。奇妙的是，到了現場，就會忍不住想要一探究竟。在登富士山的過程中，也不斷告訴自己：「就來這一次，我以後不會再來了，好累！」可是下山之後，大家馬上又相約下一次要再來爬。

雲朵

我也開始可以了解，為什麼有些人願意獨自去爬山，忍受那樣的孤獨。它和人生很像，走到後來，即使遇到困難，也只能自己一個人面對，沒有人可以幫你。

他曾跟我分享，年輕的時候心情不好、覺得煩躁時，就往北大武山上去。以前的我沒辦法理解：山上有什麼？能夠逃避什麼嗎？原來，當心裡有很多很多事情的時候去爬山，爬山的過程就是和自己對話，由於體力和精神的耗弱，會發現原來自己之前在意的那些事情有多麼微不足道。

富士山買物

不像東京隨處可見富士山造型的商品，富士山的商業化只出現在山腳的餐廳。這些餐廳內有很多賣土產的店，販售各類以富士山為主題的各種紀念商品：富士仙貝、富士山飲料，還有種類繁多的器皿小物，最奇妙的是，還有販賣富士山空氣罐頭呢！難怪日本還有雜誌特別介紹富士山的周邊商品。

上富士山的每個人，背包後面都掛了一個袋子（上山前會發塑膠袋），裝著自己沿途製造的垃圾，沒有人亂丟，整座富士山都維持得非常乾淨。

富士山沿途各合目的山屋都有烙印服務，旅客可以在山腳買登山杖或木牌，一路蒐集烙印。

烙印

商店

美食

湖山亭・泡溫泉

從山上下來之後，很多人都會在湖區的溫泉旅館住一晚，讓疲憊的身心得到舒緩。這是必要的，因為爬完富士山下來，真的會全身痠痛好幾天，連走樓梯都會痛到不行。

所以下山之後需要安排一些輕鬆自在的行程，讓自己好好休息。湖山亭位於河口湖，每個房間包括湯屋在內，都可以看到富士山的絕景。

這裡以美食著名，連當地的計程車司機都說這裡的東西好吃，是住附近的當地人也會去的店。

御殿場・購物

御殿場就像美國的 Outlet，有很多歐洲、日本的品牌，尤其推薦去御殿場買戶外用品。雖然那些歐洲品牌在台灣也買得到，但是種類較少。歐洲的戶外用品，無論是體型、顏色，主要針對歐美人士設計，日本採購挑選的商品，品質、設計都很符合亞洲人。

進到御殿場的商品，價格真的很便宜，種類也很多。爬完山想買點東西犒賞自己的話，御殿場從河口湖開車過去只要四十分鐘左右。

建議行程

台灣－東京成田國際機場（取車）－中央自動車道－夜宿山中湖

第二天 山中湖／東富士五湖道路之旅（山中湖・展望台－山中湖・花の都公園－忍野八海－北口本宮富士淺間神社－河口湖・大石公園・逆富士）－本栖湖・千の富士－富岳風穴）－夜宿河口湖

第三天 河口湖－吉田口・富士山有料道路（上山）－富士スバルライン五合目（海拔 2305M，需要九十分鐘適應）－ 13：00 出發－ 13:45 抵達六合目（海拔 2390M）— 14:55 七合目（海拔 2700M）— 16:30 八合目（海拔 3040M，山中小屋休息過夜，建議晚間九點以前就寢）

第四天 04:30 八合目（海拔 3040M）－ 05：50 抵達本八合目（海拔 3370M，日出・御來光））－ 06：30 本八合目出發－ 07：20 抵達九合目－ 07：55 抵達山頂（海拔 3710M）－山頂巡行（視個人體力決定，步行距離 3Km，需要一小時三十分，可攀登富士山最高點 3776M 劍峰）－ 09：30 下山出發－ 10：20 下山道八合目（海拔 3270M）－ 11：50 抵達下山道七合目（海拔 2630M）－ 12：35 六合目（海拔 2390M）－ 13：15 抵達富士スバルライン五合目－夜宿河口湖

第五天 河口湖－中央自動車道－東京成田國際機場（還車）－台灣

6 附錄

（地圖與交通資訊）

四國・瀨戶內

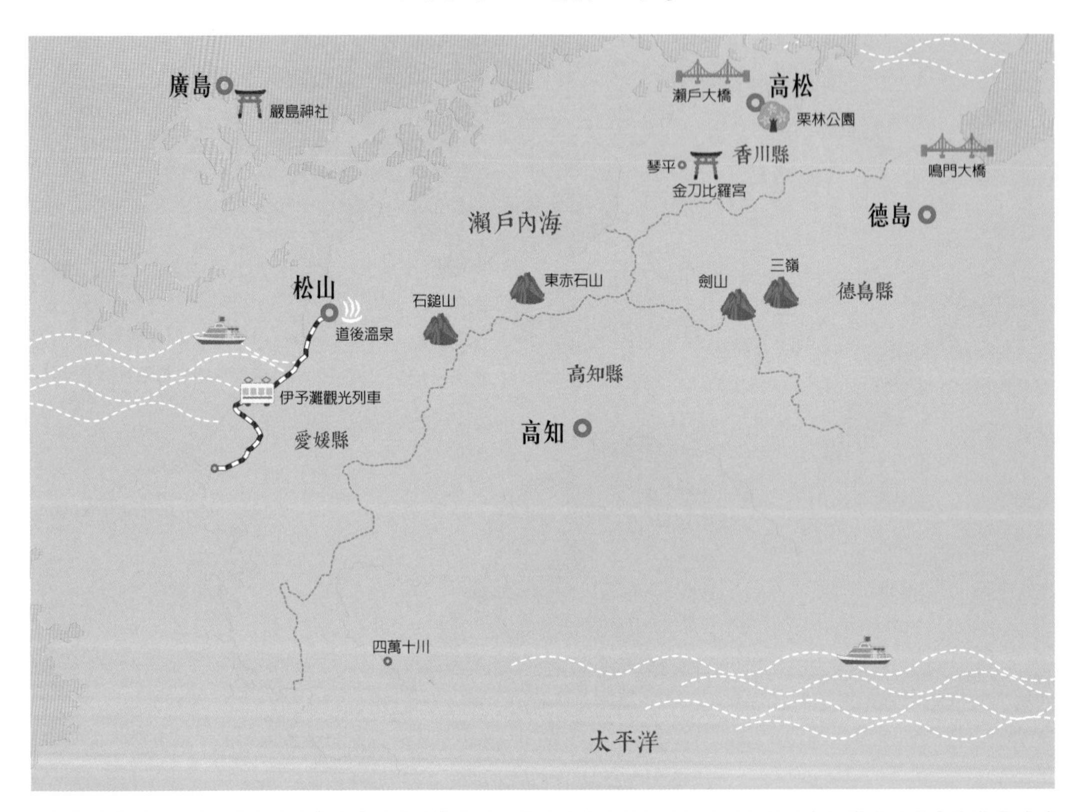

交通資訊

綜合交通検索
（巴士、鐵路、徒步，含 JR 與私鐵）
www.hyperdia.com/zh/

JR 西日本
www.westjr.co.jp/global/tc/

利木津巴士
www.limousinebus.co.jp/ch2/

大衆運輸優惠通票

四國鐵路周遊券（All Shikoku Rail Pass）

網站 shikoku-railwaytrip.com/tw/railpass.html
種類 二日券 6300 日圓、三日券 7200 日圓、四日券 7900 日圓、五日券 9700 日圓

★限非日本籍人士購買，四國境內鐵路皆可搭乘。JR 四國、土佐黑潮鐵道，可搭乘特急列車，Green 車廂除外。
★可於海外或日本 JR 四國 Wrap 旅遊中心（高松、松山、高知、德島、大阪梅田）購買。
★本通票限乘鐵路，不包括各公司巴士路線。憑券可享機場巴士折扣。

廣島縣

嚴島神社

地址 廣島縣廿日市市下平良一丁目 11 番 1
電話 082-930-9141
網站 www.miyajima-wch.jp

交通方式

- 廣島空港—JR 廣島站
  利木津巴士（45 分鐘）
- JR 廣島站—嚴島神社

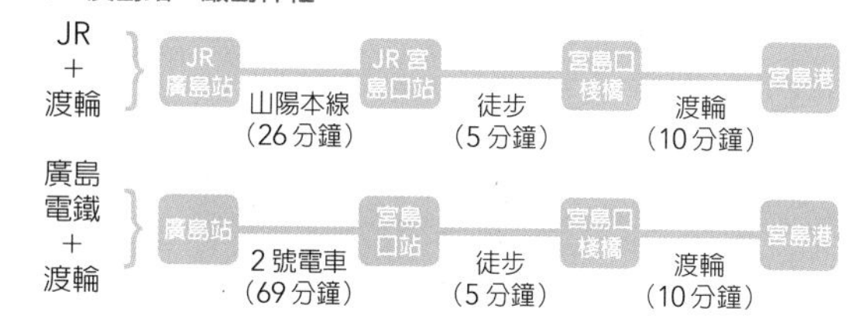

當地交通檢索

- 廣島電鐵 www.hiroden.co.jp/index.html
- 宮島松大汽船 miyajima-matsudai.co.jp
- JR 宮島連絡船 www.jr-miyajimaferry.co.jp

愛媛縣

道後溫泉

地址 松山市道後湯之町 5 番 6
電話 089-921-5141
網站 www.dogo.or.jp/pc

交通方式

- 廣島空港—道後溫泉

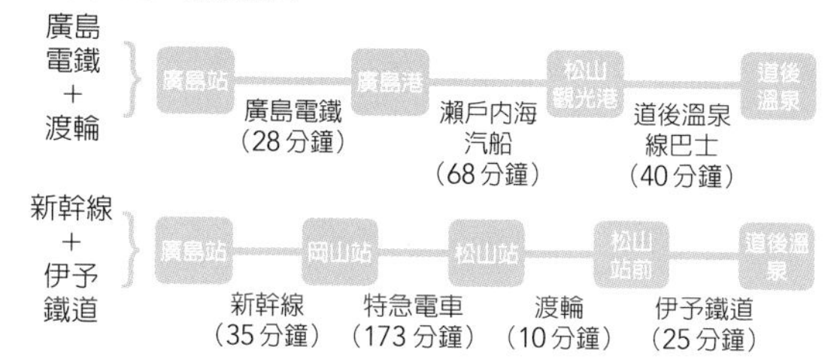

當地交通檢索

＊瀨戶內海汽船 setonaikaikisen.co.jp
＊道後溫泉線巴士時刻表與路線圖（中文） www.iyotetsu.co.jp/bus/busmap/timetable/kankoukou/cn.html
＊伊予鐵道株式會社 www.iyotetsu.co.jp

香川縣

金刀比羅宮

地址 香川縣仲多度郡琴平町 892-1
電話 087-775-2121
網站 www.konpira.or.jp

交通方式

- 高松站—金刀比羅宮

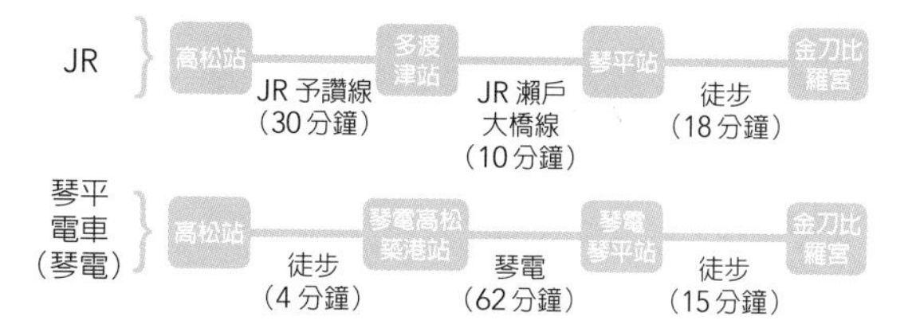

當地交通檢索

＊高松琴平電気鉄道 www.kotoden.co.jp

香川縣

東山魁夷美術館

收藏日本畫家東山魁夷作品的私人美術館，館內的咖啡館視野極佳，可欣賞瀨戶內大橋的景色。

香川縣坂出市沙弥島字南通 224-13
087-744-1333
www.pref.kagawa.jp/higashiyama/
從 JR 琴平站搭乘 JR 土讚線至坂出站，站外巴士 1 號乘車處，轉搭青色巴士巴士至美術館前下車。
巴士時刻表（東山魁夷美術館官方網站）www.pref.kagawa.jp/higashiyama/
＊回程巴士需預約，抵達時於美術館服務台洽詢。

德島縣

鳴門漩渦 / 渦之道

位於鳴門大橋橋樑內的海上散步道。可以在高達 45 公尺上的的玻璃地板，觀看鳴門漩渦，極富刺激性！

088-683-6262
www.pref.kagawa.jp/higashiyama/
從 JR 德島站搭乘巴士約 70 分鐘；從 JR 鳴門站搭乘巴士約 20 分鐘。如果從從高松出發，可搭成 JR「渦潮號」至德島，1 小時可達，每小時 1 班。
渦潮潮汐時間表 www.uzunomichi.jp
德島公車時刻與路線查詢 www.tokubus.co.jp

香川縣

琴平花壇（旅館）

有傳統和風亭園與日式「數寄屋」建築的溫泉旅館，特別房「長生殿」曾接待過皇族和許多文人騷客。

香川縣仲多度郡琴平町 1241-5
087-775-3232
www.kotohira-kadan.jp
從 JR 琴平站步行約 13 分鐘，琴電琴平站步行約 13 分鐘；旅館有提供住客免費接送至 JR 琴平站與琴電琴平站，請於訂房時預約。

愛媛縣

坂上之雲博物館

《坂上之雲》是司馬遼太郎的名作，描述三個明治時代著名人物：俳句詩人正岡子規、騎兵之父秋山好古、傳奇海軍中將秋山真之的故事。這三位出身自松山的名人，影響近代日本至鉅，因此在松山設置了博物館，由安藤忠雄設計建造。美術館的外觀是以清水混凝土、鋼構與玻璃組成，與古代的松山城、洋館「萬翠莊」，構成三種不同時代的象徵。

松山市一番町 3-20 089-915-2600 www.sakanouenokumomuseum.jp 9:00 ～ 18:30（18:00 停止進場），每週一休息（如遇節假日，則次日休息） 400 日圓 從 JR 松山站搭乘往道後溫泉方向市內電車，大街道站下車，步行約 2 分鐘。

其他四國推薦景點

德島縣

大步危、小步危峽谷

位於德島縣西部的吉野川上游，因向源侵蝕而形成陡峭險惡的峽谷，景致壯觀秀麗。吉野川發源自石鎚山脈，穿過愛媛、高知、德島三縣，是四國第一大河。「步危」就是走起路來很危險的意思，除了在河谷中的小徑徒步，也可搭乘遊艇參觀。

www.miyoshinavi.jp/chinese-t 搭乘 JR 特快南風號，從阿波池田站到大步危站約 20 分鐘。
定期觀光巴士（3 月底至 11 月底，須預約）：四國交通株式會社 yonkoh.co.jp

德島縣

祖谷蔓橋（かずら橋）

位於祖谷的蔓橋隱身在崇山峻嶺之中，相傳源平合戰中，平氏家族被一路追殺，最終的棲身之地就是祖谷。為了阻止追兵，就用奇異果柔軟如藤的枝條編成蔓橋，一旦敵軍來襲就可以立刻割斷。蔓橋容易腐朽，每三年會重新編製，目前已指定為重要有形民俗文化財。

三好市西祖谷山村善德 162-2 012-040-4344 日出至日落 每人每次 550 日圓 從 JR 大步危站搭乘往蔓橋 / 久保方向巴士，蔓橋巴士站下車步行 5 分抵達。從 JR 阿波池田站搭乘往蔓橋 / 久保方向巴士，蔓橋巴士站下車步行 5 分抵達。

德島縣

大塚國際美術館

全世界第一座以陶板一比一精密複製歐洲名畫的美術館，由大塚製藥創設經營。整座美術館就是一部西歐藝術史，展廳模擬現場配置，規模浩大，如西斯汀禮拜堂、龐貝古城、最後的晚餐……等。並以真實場景重現莫內的〈睡蓮〉，作為庭園造景。

德島縣鳴門市鳴門町土佐泊浦字福池 65-1（鳴門公園內） 088-687-3737 www.o-museum.or.jp 9:30 ～ 17:00（周一休館） 從 JR 德島站搭乘巴士約 70 分鐘，鳴門公園站下車。從 JR 鳴門站搭乘巴士約 20 分鐘，鳴門公園站下車。

德島縣

劍山

海拔 1955 公尺，為德島第一高峰，四國第二高峰，也是國定公園。位於山頂的「劍山御神水」為「名水百選」之一。可在登山口乘坐纜車，約一小時到達山頂。

三好市東祖谷見之越 0120-404-344 turugi-center.info 4 月中旬～ 11 月底 纜車每人來回 1,860 日圓 從 JR 大步危站搭乘四國交通巴士（往久保方向）約約 2 小時，到久保巴士站轉搭三好市市營巴士（往劍山、東祖谷地區）約 50 分鐘，見之越下車 巴士班次極少，可參考四國交通株式會社 yonkoh.co.jp，或三好市市營巴士 www.city-miyoshi.jp/docs/2012032600019

愛媛縣

「伊予灘物語」觀光列車

2014 年 7 月新開通的觀光列車，自松山市出發，開往八幡濱車站。共有兩節車廂，以明治、大正年間的風格為基調，打造成舒適豪華的復古餐車，每個細節都是日本工藝美學的極致表現。沿線風景秀麗，一側依山，一側傍海，車廂地面特別設計高低段差，使坐在靠山側的乘客也能不受干擾地欣賞瀨戶內海海景。觀光列車僅供預約，JR 各大站綠色窗口皆可洽詢，或利用網站、電話查詢、預約。

☎ 087-825-1662 ▶ www.iyonadamonogatari.com ¥ 每人每次 1930 日圓起 🚉 至 JR 松山站、伊予大洲站或八幡濱站轉乘 ❗ 行駛區間：松山市—下灘—依予大洲—八幡濱。

愛媛縣

臥龍山莊

由豐臣秀吉麾下大將渡邊勘兵衛始建於 1595 年，為歷代藩主的遊憩之地。現在的面貌據傳為明治時期的商人河內寅次郎重建而成，依山傍水，室內配置窮究四季風雅，與庭院的季節變換互相輝映。核心的臥龍院以桂離宮、修學院離宮為本，是數寄屋（茶室）形式的佳作。（臥龍院禁止攝影）

⌂ 愛媛縣大洲市大洲 411-2 ☎ 089-324-3759 🕘 9:00 ～ 17:00（全年無休）¥ 800 日圓（含大洲城）🚉 從 JR 伊予大洲站步行，約 23 分鐘。

愛媛縣

松山城

日本僅存的十二座江戶時代以前建造的城郭之一，位於海拔 132 公尺的勝山山頂，始建於 1602 年。原本的天守閣毀於雷擊，1854 年重建後保存至今。以天守閣為首的二十一座建築物已被指定為重要文化財。設有纜車和索道椅，山下纜車站前的「纜車街」以仿古方式打造成觀光商店街。

⌂ 松山市丸之内 1 ☎ 089-921-4873 ▶ www.matsuyamajo.jp 🕘 天守閣 9:00 ～ 17:00（8 月～ 17:30、12 月至 1 月～ 16:30）提前 30 分鐘停止入場，天守閣 12 月 29 日休息 ¥ 天守閣參觀券 500 日圓，纜車、索道椅往返 500 日圓 🚉 從 JR 松山站搭乘往道後溫泉方向市內電車，大街道站下車，步行約 5 分鐘。

愛媛縣

伊予灘物語雙海篇列車

可以一邊欣賞伊予灘的平靜海景，一邊享受旅行的幸福時刻。在現代復古風的車廂內，可品嘗「Karari 餐廳」以當地食材製作的特製午餐盒（4500 日圓，需預約）。全車為綠車指定席，請到 JR 車站綠色窗口或主要旅行社購買車票。

☎ 057-000-4592 ▶ www.jr-shikoku.com.jp 🕘 8:00 ～ 20:00（JR 四國電話咨詢中心）¥ 1,930 日圓（不含餐費）❗ 請預先確認列車服務日期（7 月 26 日開始運行）

愛媛縣

石鎚山

日本七座靈山之一，由天狗嶽、彌山、南尖峰三座山組成。天狗嶽為山頂，彌山的石槌神社奉有石鎚，而南麓的面河溪為國定公園，景色優美。有兩條徒步路線，一條沿著面河溪主幹逆流而上，可欣賞五色河灘至紅葉河灘一帶的景致；另一條為鐵炮石川路線，可欣賞 U 型岩、鎧甲岩等奇岩。

www.shikoku.ne.jp/ishizuchi/sansou/index2.htm 從 JR 松山站，轉乘伊予鐵巴士到石鎚土小屋車站，約 3 小時 30 分。轉乘伊予鐵巴士到關門站，約 2 小時 30 分。

高知縣

四萬十川

被譽為「日本最後的清流」，也是名水百選、祕境 100 選之一。全域築有二十二座沒有欄杆的沈降橋，在高水位時會沒入水底。四萬十川流域廣大，中村為四萬十川的玄關，設有旅遊資訊服務處（觀光案內所），可在此洽詢遊覽船的預約事宜。

高知縣四万十市右山 383 番地 15 088-035-4171 www.shimanto-kankou.com 無 從 JR 高知站搭乘土佐黑潮鐵道約 2 小時，中村站下車。從 JR 松山站，搭乘土佐黑潮鐵道約 1 小時 45 分，中村站下車。土佐黑潮鐵道：www.tosakuro.co.jp

香川縣

栗林公園

由讚岐領主生駒高俊始建於 1625 年，歷時百年完成。被指定為國家特別名勝、高松歷史文化道。為賞花、賞楓的名所。全區分為池泉迴游式的南庭與準洋式的北庭，借景紫雲山，為特別名勝中規模最大的庭園，可搭乘傳統和船遊園。高松市立美術館、讚岐民藝館也在園區內。

高松市栗林町一丁目 20-16 087-833-7411 ritsuringarden.jp 日出至日落，每月不同 400 日圓 JR 高松站，搭乘 JR 高德線約 25 分鐘，栗林公園北口站下車，步行 3 分鐘可到。

高知縣

Hobby 列車

行駛於 JR 予土線的區間小火車，只有一節車廂，行經景色清麗的四萬十川流域。「海洋堂 Hobby 列車」以恐龍、史前時代、宇宙為主題，車廂內外均依每年更換的主題塗裝設計。「鐵道 Hobby 列車」則以初代新幹線的造型作為車體外觀，車廂中陳列日本珍貴的歷代火車模型。四國 JR Pass 可免費搭乘。

海洋堂 Hobby 列車

行駛區間：JR 宇和島－江川崎－打井川－窪川

wwww.jr-eki.com/hobbytrain

鐵道 Hobby 列車

行駛區間：JR 宇和島－近永－江川崎－窪川

www.jr-shikoku.co.jp/yodo3bros/tetudohobby/index.htm

IYONADA MONOGATARI

伊予灘ものがたり
IYONADA MONOGATARI
1号車 茜の章

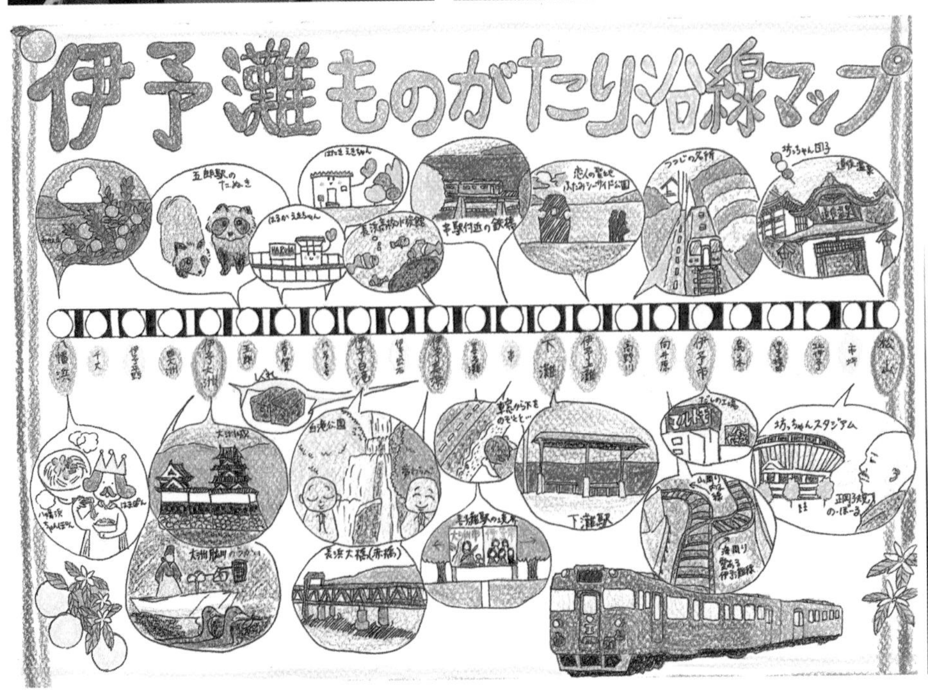
伊予灘ものがたり沿線マップ
五郎駅のたぬき
坊っちゃん団子
恋人の聖地 ふたみシーサイド公園
つつじの名所
串駅付近の鉄橋
白滝公園
大洲城
長浜大橋(赤橋)
坊っちゃんスタジアム
下灘駅
八幡浜
千丈
西大洲
伊予大洲
五郎
伊予白滝
伊予長浜
下灘
伊予上灘
向井原
伊予市
松山

九州

交通資訊

綜合交通檢索（巴士、鐵路、徒步，含 JR 與私鐵） www.hyperdia.com/zh

JR 九州 www.jrkyushu.co.jp

鹿兒島

鹿兒島規畫了幾條 City View 觀光巴士（カゴシマシティビュ，城山・磯線、海豚馬頭線、夜景線），串連大部分的景點，且可利用一日乘車券搭乘。

★鹿兒島市交通局：www.kotsu-city-kagoshima.jp/cn-t/

仙巖園（磯庭園）

地址 鹿兒島市吉野町 9700-1
電話 099-247-1551
網站 www.senganen.jp
門票 1000 日圓（與尚古集成館共用）
交通方式

City View 巴士：鹿兒島機場 —（鹿兒島機場聯絡巴士（41 分鐘））— JR 鹿兒島中央站

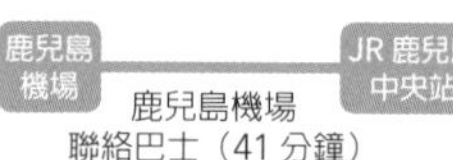

鹿兒島縣

尚古集成館

地址 鹿兒島市吉野町 9698-1
電話 099-247-1511
網站 www.shuseikan.jp/index.html
門票 1000 日圓（與仙巖園共用）
交通方式

City View 巴士：鹿兒島機場 —（鹿兒島機場聯絡巴士（41 分鐘））— JR 鹿兒島中央站 —（City View 巴士（32 分鐘））— 仙巖園前 —（步行（5分鐘））— 尚古集成館

鹿兒島縣

磯工藝館

地址 鹿兒島市吉野町 9688-24
電話 099-247-8490
網站 www.shimadzu-ltd.jp/gift/shop_iso.htm
交通方式

City View 巴士

其他巴士

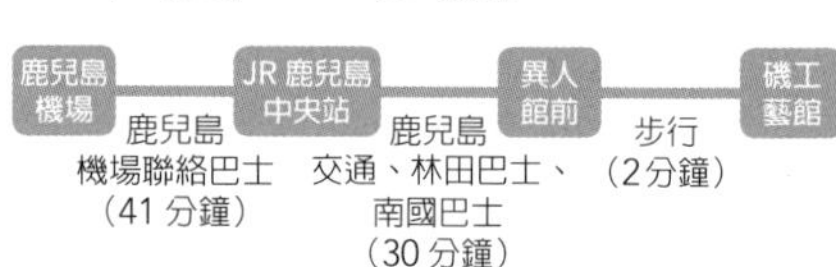

鹿兒島縣

指宿溫泉 白水館

地址 鹿兒島縣指宿市東方 12126-12
電話 099-322-3131
網站 www.hakusuikan.co.jp

交通方式

● 鹿兒島機場—白水館

● JR 鹿兒島中央站—白水館

＊接駁巴士 1 日 2 班。白水館發：10:10、11:10；指宿站發：15:10、16:10。其他時間須利用計程車。

鹿兒島縣

知覽武家屋敷庭園

鹿兒島縣南九州市知覧町郡 099-358-7878（知覽武家敷庭園事務所） 500 日圓（七庭園觀拜料） 從指宿搭乘「指宿知覽觀光周遊巴士」，約 1 小時 10 分鐘可抵達。

＊觀光周遊巴士：www.kagoshima-kankou.com/tw/areaguides/minamikyushu.html

鹿兒島縣

知覽特攻平和會館

鹿兒島縣川邊郡知覽町郡 17881 099-383-2525 www.chiran-tokkou.jp 9:00～17:00（全年無休） 500 日圓 從指宿搭乘「指宿知覽觀光周遊巴士」，約 1 小時可抵達特攻和平會館。

熊本

熊本縣位於日本的西端、九州近中心的位置。縣內有阿蘇和雲仙天草這兩個山間公園和海上公園，活火山阿蘇山有世界上最大的破火山口，以阿蘇山為主週遭有許多溫泉區。
★熊本縣觀光網站：kumanago.jp/tw

熊本縣

清流山水花（旅館）

熊本縣人吉市九日町 30 096-622-2171 www.ayunosato.jp 從 JR 人吉站，搭乘「人吉周遊巴士」約 7 分鐘，九日町下車。

＊人吉周遊巴士：www.kyusanko.co.jp/sankobus /hitoyoshi_syuyu/

熊本縣

八千代座

熊本縣山鹿市山鹿 1499 096-844-4004 www.yachiyoza.com 從 JR 玉名站前搭「山鹿行產交巴士」約 40 分鐘，到山鹿市役所前下車，步行約 3 分鐘即可抵達八千代座。

＊山鹿行產交巴士：www.kyusanko.co.jp/sankobus/sagasu/kennai/kenhoku/

阿蘇火山（米塚、草千里）

熊本縣阿蘇市黑川 808-5 096-734-0411 www.kyusanko.co.jp 3月20日～10月31日 8:30～18:00；11月1日～30日 8:30～17:00；12月1日～3月19日 9:00～17:00 火山口纜車往返 1,200 日圓 從 JR 阿蘇站前搭巴士，約 35 分鐘抵達阿蘇山西站，再轉搭纜車，約 4 分鐘可打火山口。
＊內牧 · 阿蘇站—草千里 · 阿蘇西站巴士：www.kyusanko.co.jp/sankobus/aso_sen

佐賀

佐賀自古以來與亞洲大陸的交往頻繁，有很多流傳著歷史傳說的遺跡。而且縣內自然景觀豐富，南部面臨有明海，北部有脊振山系，其南則為一望無際的佐賀平野。四處花草盛開，描繪出四季變化多端的姿態。
★元氣佐賀網站：www.asobo-saga.tw

佐賀縣

洋洋閣（旅館）

地址 佐賀縣唐津市東唐津 2-4-40
電話 095-572-7181
網站 www.yoyokaku.com

交通方式

● 佐賀—洋洋閣

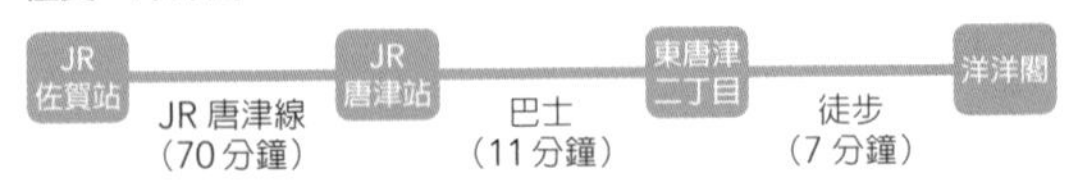

● JR 伊萬里—洋洋閣

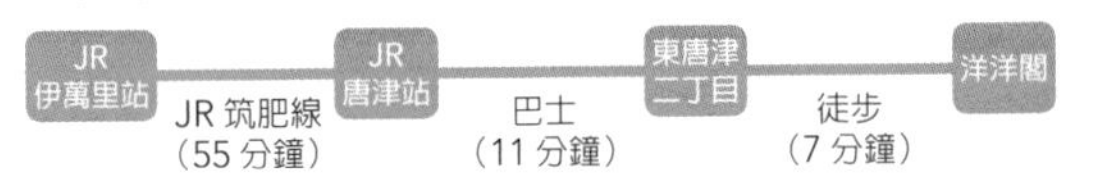

佐賀縣

伊萬里 · 鍋島御庭燒展示館

佐賀縣伊萬里市大川內町乙 1822-1 095-523-2786 www.imari-ookawachiyama.com 9:00 ～ 17:00 從 JR 伊萬里站搭乘「西肥巴士（大川內山方向」約 20 分鐘，大川內山站下車。

佐賀縣

伊萬里 · 虎仙窯

佐賀縣伊萬里市南波多町府招下（本社）、大川內山展示場（鍋島藩窯公園旁）095-524-2137、095-522-3095 www.imari-kosengama.com 從 JR 伊萬里站搭乘「西肥巴士（大川內山方向」約 20 分鐘，大川內山站下車。

佐賀縣

有田

至 JR 有田站，可利用藍色公車站牌的町內巴士，或租自行車（300 日圓一天），也有電動自行車（500 日圓一天）可供選擇。 wwww.arita.jp 有田町區內巴士：www.town.arita.lg.jp/index2.php?q=318。自行車出租：JR 有田站旅遊詢問處、有田觀光協會、有田館、上有田車站前、轆轤座位。

佐賀縣

有田・陶祖李參平窯

佐賀縣西松浦郡有田町稗古場 2 丁目 9-36 050（1099）9432 toso-lesanpei.com/index.html 10:00～17:00（週二公休）

長崎

長崎縣位於九州西北端，由 5 個半島和許多小島組成。與中國大陸和朝鮮半島隔海相望，自古以來就是與大陸交往的要衝之地。17 世紀以後建起了與葡萄牙、荷蘭等國進行商業往來的貿易港，所以縣內保留有許多極富異國情調的史蹟和建築物。 ★長崎新玩：www.nagasaki-tabinet.com.tw

長崎縣

波佐見・陶房青

長崎縣東彼杵郡波佐見町中尾 982 095-685-4344 www.toubou-ao.co.jp 8:30～17:00（周六、日公休）

長崎縣

波佐見・HANA

長崎縣東彼杵郡波佐見町井石鄉 2187-4 095-676-7214 www.facebook.com/minamisouko 11:00～18:00（週三公休）

長崎縣

波佐見・南創庫

長崎縣東彼杵郡波佐見町井石鄉 2187-4 095-676-7214 www.facebook.com/minamisouko 11:00～18:00（週三公休）

長崎縣

波佐見・Monne Porte

長崎縣東彼杵郡波佐見町井石鄉 2187-4 095-676-7163 monne-porte.com/ 11:00～18:00（週三公休）

其他九州推薦景點

熊本縣

熊本城

熊本市中央區本丸 1-1 096-352-5900 www.manyou-kumamoto.jp/castle/ 3 月～11 月 8:30～18:00；12 月～3 月 8:30～17:00（跨年休園） 500 日圓 從 JR 熊本站前搭乘市電或巴士約 10 分鐘，「熊本城・市役所前」下車。
＊熊本城周遊巴士：www.tabimook.com/shiromegurin/

北陸

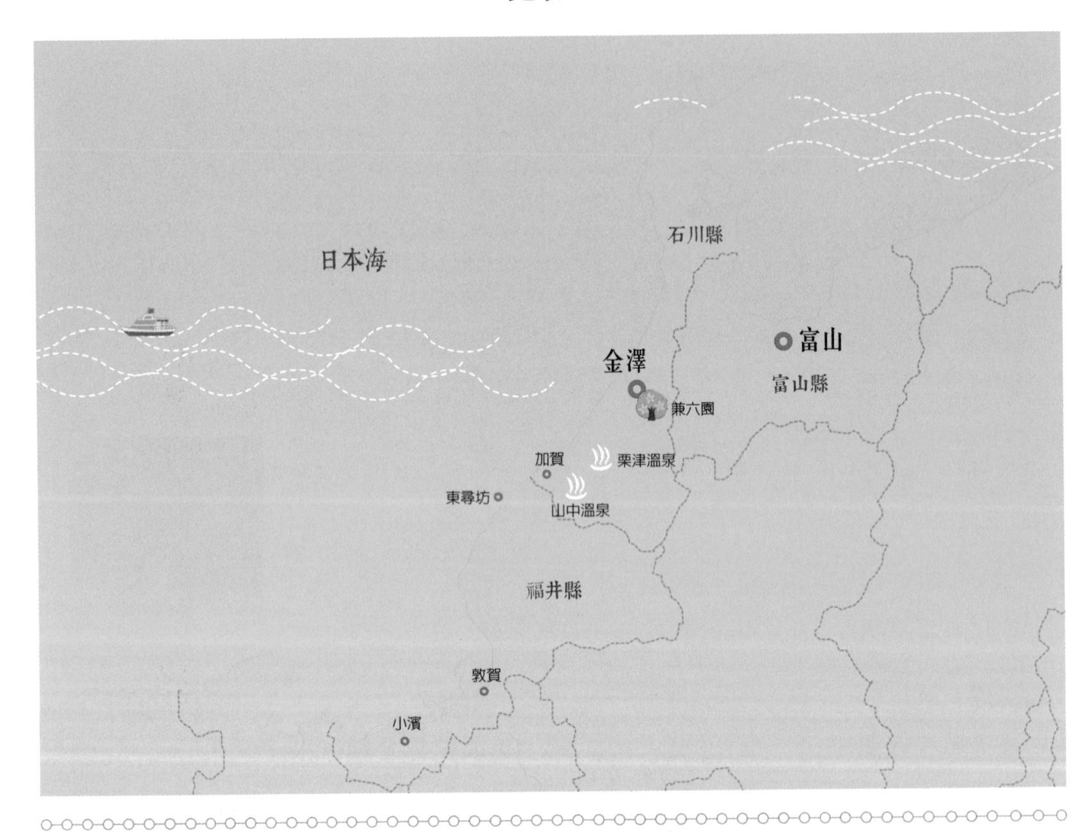

交通資訊

綜合交通檢索
（巴士、鐵路、徒步，含 JR 與私鐵）
www.hyperdia.com/zh/

JR 西日本
www.westjr.co.jp/global/tc/

北陸新幹線（東京至金澤）
hokuriku-w7.com

大衆運輸優惠通票

關西、北陸地區鐵路周遊券（Kansai-Hokuriku Area Pass）

網站 www.westjr.co.jp/global/tc/travel-information/pass/kansai_hokuriku/

種類 七日券 15,000 日圓（海外購買）、16,000 日圓（境內購買）

★限非日本籍人士購買，可搭乘：

- 山陽新幹線（新大阪—岡山）的非指定座席
- 北陸新幹線（金澤—上越妙高）的非指定座席
- 超特急列車（特急列車）「HARUKA、THUNDERBIRD、KUROSHIO、KOUNOTORI、SUPER HAKUTO（京都—上郡）」等上的非指定座席
- JR 西日本在來線的新快車（新快速）、快車（快速）和當地列車（普通列車）

★城下町金澤周遊巴士：www.hokutetsu.co.jp/wpress/tourism-bus/castle-town
★金澤 Flate Bus（金沢ふらっとバス）：www4.city.kanazawa.lg.jp/11310/taisaku/flatbus

石川縣

金澤車站

地址 石川縣金澤市木新保町 1-1
電話 076-221-5952
網站 www.kanazawa-eki.com
交通方式

●小松機場—JR 金澤站

Super 特急巴士（40 分鐘）

JR
金澤站

＊小松機場聯外交通：www.komatsuairport.jp/access

●富山機場—JR 金澤站

接駁巴士（20 分鐘）

新幹線（22 分鐘）

石川縣

兼六園

地址 石川縣金澤市丸之内 1 番 1 號
電話 076-221-5508
網站 www.pref.ishikawa.jp/siro-niwa/kenrokuen
營業時間 3 月 1 日～ 10 月 15 日 7:00 ～ 18:00；10 月 16 日～ 2 月末日 8:00 ～ 17:00
門票 310 日圓
交通方式

東口 6 號乘車處，兼六園 Shuttle 巴士（46 分鐘）

東口 7 號乘車處，城下町金澤周遊巴士（46 分鐘）

石川縣

黑門小路

石川縣金澤市武藏町 15-1 076-260-1111 www.meitetsumza.com/kuromon/index.html 10:00 ～ 19:30（食堂街 11:00 ～ 21:00） 從金澤站步行，約 10 分鐘抵達。

石川縣

近江町市場

石川縣金澤市上近江町 5015-1 076-231-1462 ohmicho-ichiba.com 從金澤站步行，約 10 分鐘抵達。

石川縣

八兆屋・鴨肉治部煮

⌂ 石川縣金澤市本町 2-15-1 B1（金澤站前店）☎ 076-223-1184 www.hacchouya.com 🚌 從金澤站步行，約 4 分鐘抵達八兆屋金澤站前店。

石川縣

九谷陶藝村

⌂ 石川縣能美市泉台町南 22 ☎ 076-158-6102 www.kutani.or.jp 🚌 從金澤站東口，搭乘往寺井廳舍前巴士約 1 小時 6 分鐘，在寺井廳舍前站下車，轉搭能美巴士約 11 分鐘抵達。或從 JR 寺井站轉搭能美巴士，約 12 分鐘抵達。

加賀縣

加賀縣

粟津溫泉・法師（旅館）

地址 石川縣小松市粟津溫泉
電話 076-165-1111
網站 www.ho-shi.co.jp
交通方式

●JR 金澤站－法師

JR 金澤站 —北陸本線（37 分鐘）— JR 粟津站 —接駁車（10 分鐘）— 法師

●JR 加賀溫泉站－法師

JR 加賀溫泉站 —接駁巴士（18 分鐘）— 法師

*免費接駁車須於訂房時預約，15:00、16:00、17:00 各一班。

加賀縣

山中溫泉・花紫（旅館）

地址 石川縣加賀市山中溫泉東町 1-17-1
電話 0761-78-0077
網站 www.hana-mura.com
交通方式

JR 加賀溫泉站 —接駁巴士（15 分鐘）— 花紫

* 免費接駁車須於訂房時預約，抵達加賀溫泉站後再電話通知旅館派車。

加賀縣

山中漆器

地址 石川縣加賀市山中溫泉塚谷町 268-2（山中漆器傳統產業會館）
電話 076-178-0305
網站 www.kaga-tv.com/yamanaka
營業時間 9:00～17:30

交通方式

JR 金澤站 —快適 Express 號巴士（1 小時 33 分鐘）— 山中巴士 Terminal —散步號巴士（2 小時）— 山中漆器傳統產業會館

*散步號巴士繞行經山中溫泉所有重要景點，可利用 1 日乘車券。

福井縣

福井縣

梵酒造

福井縣鯖江市吉江町1號11番地 077-851-1507 www.born.co.jp 從JR福井站搭乘「福井鐵道福武線」電車約30分鐘，鳥羽中站下車，鳥羽中站23分鐘抵達。

福井縣

一乘谷

福井縣福井市城戶之內町10-48 077-641-2330 info.pref.fukui.lg.jp/bunka/asakura_museum/ 從JR福井站搭乘「京福巴士」往淨教寺約25分鐘，在一復原武家屋敷前下車；或搭乘「越美北線」電車，約15分鐘，在一乘谷站下車。

福井縣

小濱・八心成就章印

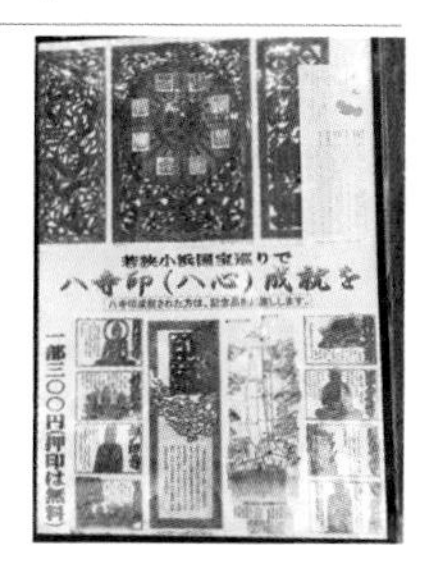

円照寺（尾崎22-15）、神宮寺（神宮寺30-4）、妙樂寺（野代28-13）、國分寺（國分51-1）、多田寺（多田27-15-1）、明通寺（門前5-21）、萬德寺（金屋74-23）、羽賀寺（羽賀82-2） www.cho.ne.jp/~myotsuji/hatikaji.html 從JR敦賀站搭乘小浜線約1小時4分鐘，至小浜站下車。

＊八間寺廟之間無大衆運輸串連，須依賴計程車，全程約22公里。

＊京福巴士：bus.keifuku.co.jp/rosen/ticket/

福井縣

小濱・八百比丘尼入定洞

福井縣小浜市小浜男山2（空印寺） 077-052-1936 www.wakasa-obama.jp/TouristAttract/TouristAttractDetail.php?29 從JR小浜站步行約20分鐘抵達。

福井縣

東尋坊

福井縣坂井市三國町安島 077-682-3111（坂井市三國綜合支所產業課） 從JR芦原溫泉站搭乘京福巴士，約40分鐘東尋坊站下車，步行3分鐘抵達。

＊京福巴士：bus.keifuku.co.jp/rosen/ticket/

其他北陸推薦景點

敦賀縣

氣比松原

位於敦賀灣，沿著海岸線生長的一萬七千棵松樹，與碧海之間隔著一線白色沙灘，景致優美。

敦賀市松島町 從JR敦賀站搭乘西福寺線往松葉町方向巴士約10分鐘，松原公園口站下車可達。

丹後、天橋立

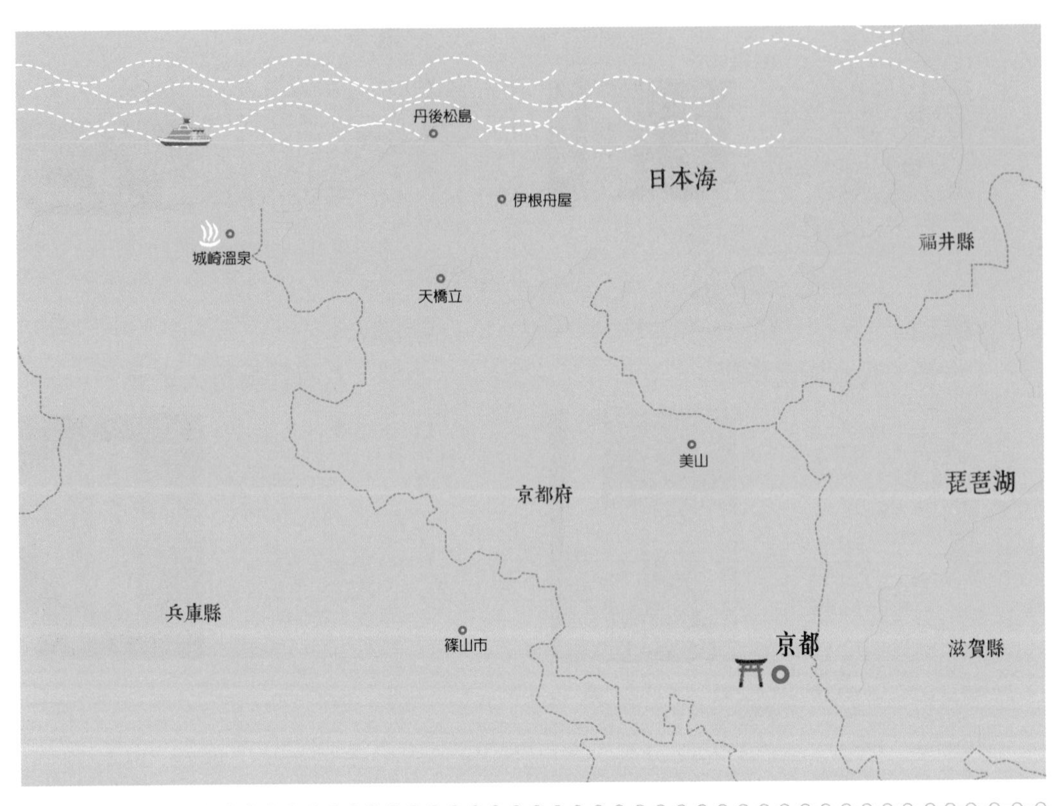

交通資訊

綜合交通檢索（巴士、鐵路、徒步，含 JR 與私鐵） www.hyperdia.com/zh/
JR 西日本 www.westjr.co.jp/global/tc/
丹後海陸交通株式會社（丹海） www.tankai.jp/index.html

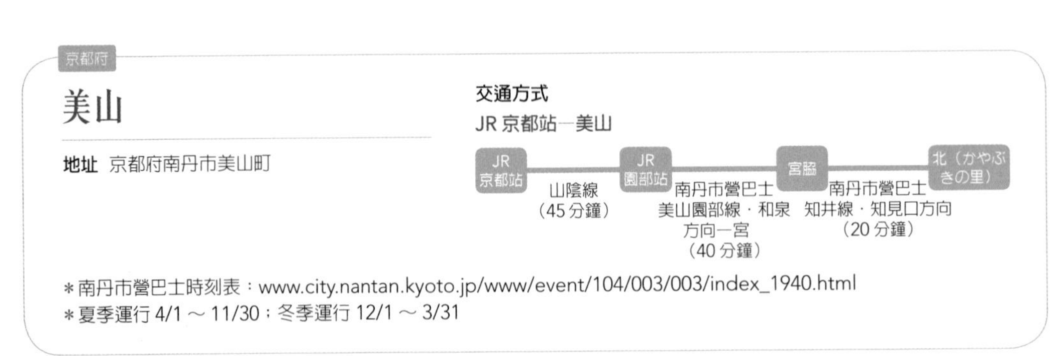

京都府

美山

地址 京都府南丹市美山町

交通方式

JR 京都站—美山

＊南丹市營巴士時刻表：www.city.nantan.kyoto.jp/www/event/104/003/003/index_1940.html
＊夏季運行 4/1 ～ 11/30；冬季運行 12/1 ～ 3/31

京都府

天橋立

地址 京都府南丹市美山町
電話 077-222-8030
網站 www.amanohashidate.jp/

交通方式

● JR 京都站—天橋立站

- JR：京都站 —— JR 特急（2 小時 5 分）—— 天橋立站
- 巴士：京都站 —— 丹海巴士（2 小時 20 分）—— 天橋立站前

● 大阪、新大阪站—天橋立站

- JR：大阪站 —— JR 特急（2 小時 20 分）—— 天橋立站
- 巴士：阪急三番街 BT · 新大阪站 —— 丹海巴士、阪急巴士（2 小時 40 分）—— 天橋立站前

京都府

玄妙庵

京都府宮津市字文珠 32-1 ☎ 077-222-2171 網站 genmyoan.com 交通 從天橋立站步行約 15 分鐘可抵達。
＊ 訂房時可預約旅館接送至天橋立站。

京都府

伊根舟屋

京都府與謝郡伊根町 ☎ 077-232-0277 網站 ine-kankou.jp 交通 從天橋立站搭乘丹海巴士，約 59 分鐘可抵達。

京都府

間人炭平

京都府京丹後市丹後町間人 3718 ☎ 077-275-0005 網站 www.sumihei.com 交通 從 JR 福知山站搭乘電車（KTR、JR 特急、普通）約 3 小時到網野站，再搭乘接駁車約 20 分鐘抵達。
*訂房時可預約旅館接送至網野站
*KTR ＝北近畿タンゴ鉄道

京都府

丹後天橋立大江山國定公園

福知山市、舞鶴市、宮津市、京丹後市、伊根町、与謝野町 ☎ 077-222-3244 網站 www.pref.kyoto.jp/tango/tango-doboku/kokutei_park.html
＊ 範圍廣大，包括丹後半島海岸、世屋高原、大江山連峰等三大地區，部份市鎮可乘鐵路抵達，或搭乘丹後海陸交通株式會社所經營之地區巴士。

京都府

琴引濱

☐ 京都府京丹後市網野町掛津 ☎077-272-0900（京丹後市觀光協會網野町支部）☐ kotohikihama.info ☐ 從 KTR 網野站步行約 6 分鐘到網野巴士站，搭乘丹海巴士間人線約 41 分鐘到琴引濱巴士站下車，步行約 15 分鐘可抵達。
*訂房時可預約旅館接送至天橋立站。

京都府

丹後松島

☐ 京都府京丹後市丹後町此代東面島嶼☎077-272-0900（京丹後市觀光協會網野町支部）☐ 從 KTR 網野站搭乘丹海巴士約 49 分鐘，此代巴士站下車，步行約 5 分鐘抵達。

兵庫縣

城崎溫泉

☐兵庫縣豐岡市城崎町☎079-632-3663☐ www.kinosaki-spa.gr.jp ☐ 從大阪或京都站搭乘特急電車，約 2 小時 50 分可抵達城崎溫泉站，從大阪阪急三番街．新大阪站搭乘全但巴士，約 3 小時 20 分鐘可到。
＊全但巴士株式會社：http://www.zentanbus.co.jp/

其他推薦景點

兵庫縣

篠山城跡

☐ 兵庫縣篠山市北新町 2－3 ☎0079-552-4500☐ plus-note.jp/REKIBUN/osyoin_top.htm ☐ 9:00～16:30（周一休館）¥ 400 日圓（外城免費開放）☐ 從 JR 篠山口站，搭乘神姬 Green 巴士篠山營業所方向巴士約 15 分鐘，二階町巴士站下車。
*神姬巴士株式會社：www.shinkibus.co.jp

兵庫縣

屏風岩

☐ 京都府京丹後市丹後町筆石☐ www.pref.kyoto.jp/kankyo/rdb/geo/db/sur0058.html ☐ 從 KTR 網野站步行 6 分鐘到網野巴士站，搭乘丹海巴士間人線巴士約 30 分鐘，筆石巴士站下車，步行約 5 分鐘抵達。

富士五湖

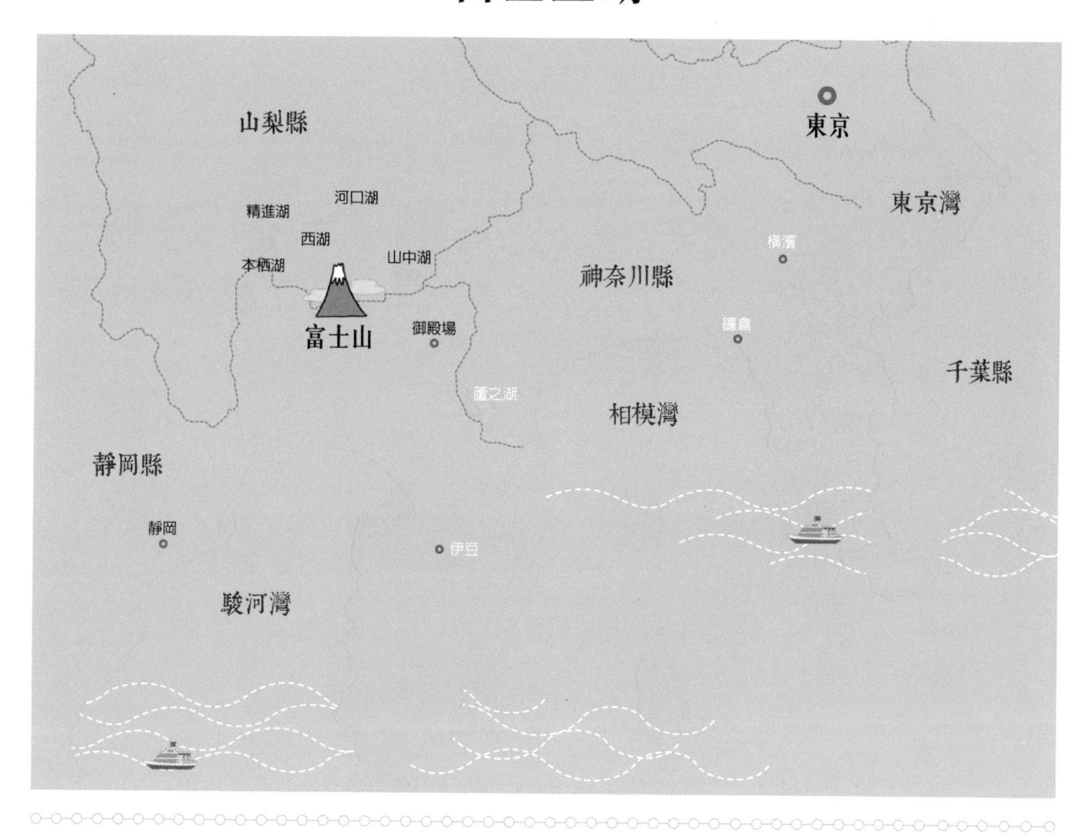

富士山交通資訊

富士山有四條主要的登山路線：吉田（河口湖）、富士宮、須走、御殿場，吉田路線的難度最低，走這條路線的人也最多；富士宮路線的距離最短；須走路線會經過最多森林與生態景觀；御殿場路線的挑戰最嚴峻。根據不同的登山路線，從各地到富士山的大衆交通方式也有多種選擇，建議先確定路線再規畫。

日本主要城市、機場均有巴士直達富士山。東京車站、新宿車站距離最近，大阪、京都、名古屋、靜岡、箱根、羽田機場、成田機場，也都有直達富士山的大衆交通運輸，種類繁多，可上網站查詢。本文僅列出最多人使用的接駁方式供參考。

電話：山梨縣觀光部觀光資源課
055-223-1521
靜岡縣文化觀光部富士山世界遺產課
054-221-3776

網站：tw.mtfuji-cn.com/

● 東京出發

【東京車站—河口湖站】
東京車站 —高速巴士（2 小時 50 分）— 河口湖站 —登山巴士（55 分）— 富士スバルライン五合目站

【東京車站—御殿場站】
東京車站 —高速巴士（1 小時 55 分）— 御殿場站 —登山巴士（40 分）— 御殿場五合目

【新宿車站—富士山站】
新宿車站 —高速巴士（1 小時 45 分）— 富士山站 —登山巴士（30 分）— 馬返站 —步行— 吉田口

【新宿車站—河口湖站】
新宿車站 —高速巴士（1 小時 45 分）— 河口湖站 —登山巴士（55 分）— 富士スバルライン五合目站

【東京車站—吉田口站】
新宿車站 —高速巴士（2 小時 25 分）— 吉田口站（富士スバルライン五合目）

● 東京出發

【靜岡機場—新富士站】
靜岡機場 —機場接駁巴士（55 分）— 靜岡站 —JR 東海道新幹線（10 分）— 新富士站 —登山巴士（2 小時 15 分）— 富士宮口五合目站

【靜岡機場—富士宮五合目站】
靜岡機場 —機場接駁巴士（55 分）— 靜岡站 —高速巴士（2 小時 15 分）— 富士宮口五合目站

山梨縣

御殿場（購物中心）

靜岡縣御殿場市深沢 1312 ☎ 055-081-3122 www.premiumoutlets.co.jp/cht/shop/gotemba 10:00～20:00（12 月至 2 月 10:00～19:00，2 月 19 日公休）
* 東京、品川、橫濱、靜岡等各主要都會區與機場均設有接駁巴士，票價自 2880 日圓起，選擇繁多，詳情可於網站中查詢。

交通方式

● 御殿場站—御殿場購物中心
御殿場站 —免費接駁巴士（15 分）— 御殿場購物中心

● 新宿車站—御殿場購物中心
新宿車站 —新南口搭乘御殿場直行巴士（1 小時 35 分）／西口搭乘御殿場直行巴士（1 小時 30 分）— 御殿場購物中心

● 東京車站—御殿場購物中心
東京車站八重洲南口 —御殿場直行巴士（1 小時 25 分）— 御殿場購物中心

山梨縣

唱歌道路（富士スバルラインメロディーポイント）

富士山有料道路（富士スバルライン）富士山五合目路段 2 公里處
* 無大衆交通系統。自中央自動車道河口湖 IC 沿富士山有料道路往五合目行駛即可經過。

山梨縣

湖山亭（旅館）

山梨縣南都留郡富士河口湖町淺川 10 ☎ 055-572-1145 www.ubuya.co.jp 從東京車站搭乘高速巴士約 2 小時 50 分，或從新宿車站搭乘高速巴士約 1 小時 45 分鐘，到河口湖站。電車則建議從新宿車站搭乘「中央線直通快速」約 2 小時 15 分鐘，到河口湖站。抵達河口湖站後，與旅館電話聯絡，即免費派車接送。或自行搭乘計程車，車程約 10 分鐘。

其他推薦景點

富士五湖各景點依不同路線，設有觀光巴士串接，如河口湖周遊巴士（Retrobus レトロバス）、西湖青木原周遊巴士、富士湖號（ふじつ湖號）、富士山世界遺 ループバス等，也有結合巴士、電車、纜車等各種組合通票，詳情可參考以下網站：
★富士山周遊巴士：bus.fujikyu.co.jp/rosen/shuyu
★富士急行：www.fujikyu-railway.jp

山梨縣

山中湖

富士五湖中面積最大、海拔最高的湖泊，可見到「鑽石富士」。鑽石富士即日出時太陽與山頂疊合、發出萬丈光芒的景象。搭乘「白鳥之湖」遊覽船遊湖，很適合家族旅行。附近的「忍野八海」為富士山融雪形成的天然湖泊，也是「名水百選」之一。

🏠 山梨縣南都留郡山中湖村 ☎ 055-562-3100（山中湖觀光協會）🖱 www.yamanakako.gr.jp 🚌 富士山站發車的富士湖號（ふじつ湖號）可環湖一圈：富士山站—大橋巴士站（忍野八海）—花之都公園—紅富士之湯—旭日丘—紅富士之湯—花之都公園—大橋巴士站（忍野八海）—富士山站

山梨縣

花之都公園

位於山中湖畔，海拔 1,000 公尺，氣候涼爽宜人，佔地廣袤，隨季節變換的花海壯觀奪目。溫室與庭園造景「清流之里」亦頗負盛名。

🏠 山梨縣南都留郡山中湖村山中 1650 ☎ 055-562-5587 🖱 www.hananomiyakokouen.jp 🕒 8:30 ～ 17:30（冬季休園）¥ 花園免費，清流之里 500 日圓 🚌 富士山站搭乘富士湖號（ふじつ湖號），約 30 分鐘可到。

山梨縣

西湖、青木原樹海

位於河口湖西側，為堰塞湖，面積不大（五座湖泊中倒數第二小），但湖中生長的富士毬藻是日本特殊的生態景觀。鄰近的「青木原樹海」名氣響亮，秀麗幽深的森林與豐富的生態系彌足珍貴，石灰岩地形造就許多有趣的天然洞穴，其中「富岳風穴」自昭和三十年起設有蠶卵與種子的儲藏庫，是林業與紡織的重要種原。可與西湖蝙蝠穴案內所（西湖コウモリ穴）申請專人導覽。西湖里根場的合掌造村落也很值得一訪。

🏠 山梨縣南都留郡富士河口湖町西湖 2068（西湖蝙蝠穴案內所）☎ 055-582-3111 🖱 www.fujigoko.co.jp/ashiwada/koumori.html 🕒 9:00 ～ 17:00（全年無休）¥ 一人 500 日圓（兩人成行）🚌 富河口湖站發車的西湖周遊巴士可達西湖各景點：河口湖站—西湖東口—西湖蝙蝠穴—西湖里根場—西湖野鳥森林公園—御殿庭—富岳風穴

山梨縣

精進湖、本栖湖

富士五湖中最西邊的兩座湖泊，精進湖面積最小，以綠色湖水與「二重母子山」聞名；本栖湖深度最深，岡田紅陽在此拍攝的「湖畔之春」被用作日幣千圓鈔背面的圖案。

🏠 山梨縣南都留郡富士河口湖町、身延町 🚌 搭乘富士急行巴士「新富士站經本栖湖、精進湖、河口湖往富士山站」路線即可抵達，河口湖站與富士宮站均有設站。

國家圖書館出版品預行編目 (CIP) 資料

絕美日本：我最想讓你知道的事／謝哲青，
李艾霖著. -- 第一版. -- 臺北市：遠見天下
文化，2015.04
面；　公分. --（生活風格；LF065)

ISBN 978-986-320-708-5(平裝)

1. 旅遊文學 2. 日本

731.9　　　　104004708

生活風格 LF065A

絕美日本
我最想讓你知道的事

作者 — 謝哲青・李艾霖
文字整理 — 張蘊之

總編輯 — 吳佩穎
責任編輯 — 吳毓珍
封面攝影 — 李艾霖
封面設計 — 張議文
美術設計 — 陳俐君

出版者 — 遠見天下文化出版股份有限公司
創辦人 — 高希均、王力行
遠見・天下文化 事業群董事長 — 高希均
事業群發行人／CEO — 王力行
天下文化社長 — 林天來
天下文化總經理 — 林芳燕
國際事務開發部兼版權中心總監 — 潘欣
法律顧問 — 理律法律事務所陳長文律師
著作權顧問 — 魏啟翔律師
地址 — 台北市 104 松江路 93 巷 1 號 2 樓
讀者服務專線 — 02-2662-0012 ｜ 傳真 — 02-2662-0007, 02-2662-0009
電子郵件信箱 — cwpc@cwgv.com.tw
直接郵撥帳號 — 1326703-6 號　遠見天下文化出版股份有限公司

電腦排版 — 中原造像股份有限公司
製版廠 — 中原造像股份有限公司
印刷廠 — 中原造像股份有限公司
裝訂廠 — 中原造像股份有限公司
登記證 — 局版台業字第 2517 號
總經銷 — 大和書報圖書股份有限公司 電話／(02)8990-2588
出版日期 —2018/10/16 第二版第一次印行
2022/ 8 / 9 第二版第四次印行

定價 — NT$480
EAN 4713510945841(平裝)
書號 — BLF065A
天下文化官網 — bookzone.cwgv.com.tw

【圖片來源】
Riichi Chou: p.19, 139; SuperStock/Getty Image: p.7, 8, 67, 69, 85(上), 130, 131, 170, 175;
Fine Art Images/SuperStock: p.123, 127(左&右上), 164, 165, 166, 167, 205, 207, 209, 212, 213, 224, 228;
De Agostini/G. Dagli Orti/Getty Image: p.130, 181, 183, 211, 217, 221；其餘圖片由作者提供。

天下文化
BELIEVE IN READING